范金镳

中共宁海县委党史研究室 编

九州出版社
JIUZHOUPRESS

《范金镶》编委会名单

（1899.4—1956.8）

范金镰（又名范文惠）
中共宁海县党组织的主要创建人
浙江省宁海中学主要创办人
宁海中学主任（1926.6—1927.4）
中共宁海县支部书记（1927.2—1927.4）
1927年9月受党中央派遣去莫斯科留学

（1897.11—1983.9）

方惠文（又名方韵仙，范金镰夫人）
宁海县国民政府妇女部长（1927.2—1927.5）
中共宁海城区支部书记（1927.9—1927.12）

范金镳1956年8月26日逝世于北京，葬于八宝山革命公墓
中共中央组织部立碑

方惠文1983年9月20日逝世于北京，葬于八宝山革命公墓
林业部立碑

中共中央组织部为范文惠
（范金镰）同志献花圈

中共中央组织部副部长帅孟奇
为范文惠（范金镰）同志献花圈

范金镰在京的留苏同学、战友、学生马英、鲁也参、朱家温、韩铁声、娄朗
怀、张明养、万志凌、潘素文等献花圈

在北京颐和园（摄于1980年）
左起：范赤子　方惠文

宁海中学建校80周年校庆合影（2006年10
月6日摄）
左起：王家扬　文　心（俞岳外孙女）
　　　范赤子（范金镳之子）　胡家康

去北京采访范赤子（2006年7月8日摄于北京）
左起：范赤子　范肖媚（范赤子之女）　季燕飞
　　　（范金镳外孙女）　胡家康（季燕飞丈夫）

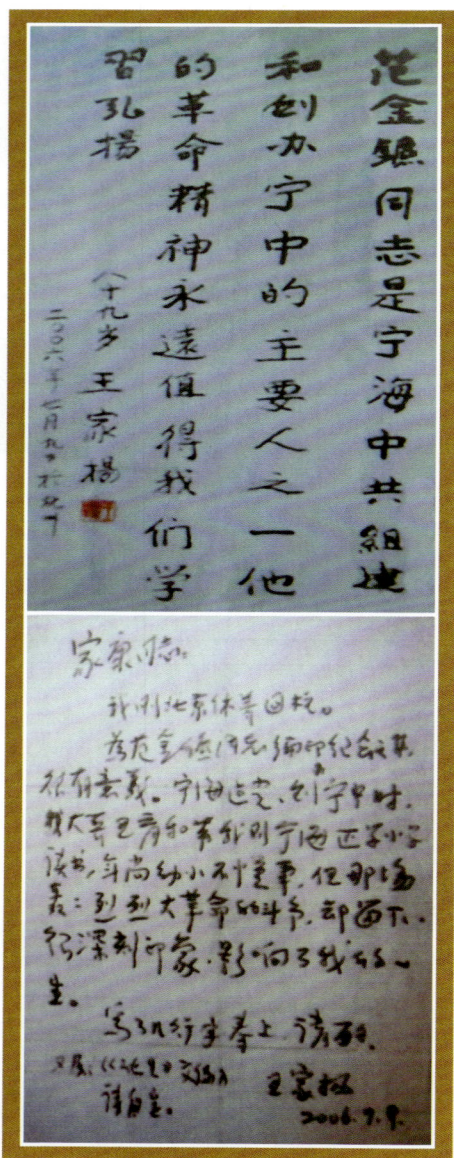

右上图为浙江省政协委员会原主席王
家扬为《范金镳》一书题词
右下图为王家扬给《范金镳》编写者胡
家康的信

序

　　人们用人杰地灵来形容宁海这方山水。作为地灵的宁海，因为有仙山、神泉、碧海、绿岛等无数吸引人们眼球的精美所在，让外乡人惊为绿色天堂，让宁海人为之自豪。

　　而提到人杰的宁海，你自然会伸出一个大拇指。一代鸿儒方孝孺，一代探花卢原质，揭竿而起的农民领袖王锡桐，一代画家潘天寿，一代英烈柔石……他们以自己的盖世才华，以自己的刚正品质，成为宁海精神的源泉所在。鲁迅先生写柔石的"台州式硬气"更是成为宁海精神最形象的诠释。

　　可是，当我们默默为这些先辈祈祷的时候，可能没有多少人会记得这两个人的名字——范金镳与方惠文。

　　而当我们细细梳理民国至今的宁海历史，会惊讶地发现，宁海的厚重历史画卷上一个名字赫然在目——范金镳。

　　这是一个不应该被忘记的名字，这是一段不应该被遗忘的历史。

　　在宁海，这个人的名字代表宁海县共产党组织的创建；这个人的名字代表一个学校的诞生，它就是宁海的最高学府——宁海中学。

　　在宁海，这个人的名字代表宁海在一段时间里曾建立起人民政权。

　　在宁海，这个名字还代表妇女解放运动拉开序幕——因为是他第一个带头让自己的妻子放开包裹的双足，是他第一个让自己的妻子离家去台州学习文化，还以改妻子名字的方式表达他男女平等的主张。

　　可就是这样一个热爱生命、坚信马列主义的真正布尔什维克，在为革

命事业九死一生的同时，却遭受一次次诬陷，先是有王明"左"倾机会主义的迫害，后又在苏共肃反扩大化时被捕入狱，几经波折，才算洗刷前辱，炼狱归来。

方惠文，她坚信马列主义，对党忠心耿耿，对革命事业兢兢业业，是中国共产党优秀女党员、无产阶级革命家。她与范金镳共生死、同患难、共担当，夫妻相濡以沫，具有贞洁、忠诚的中华传统美德，是巾帼英雄，是妇女的楷模。

历史还一对共产党人以清白，他们终于回到马克思的怀抱，终于回到一心追随的党的怀抱。他们当可以含笑九泉了。

而宁海的天空，群星璀璨，他们的光芒一样闪烁，这些家园的优秀儿女为明亮的宁海精神增添了光源。

一书既成，告慰先烈，后人读之，当养神培德，完善自己，奉献家园。如此，英烈有幸；如此，小城有幸。

王家扬年九十九

二〇一六年七月一日

（王家扬系浙江省政协委员会原主席）

范金镰革命史略

回忆与研究

范金镳遗著及证明材料

附录:方惠文革命史略

范金镰革命史略

1899—1926年

范金镰(又名文惠、锦标,小名"财"),1899年4月12日(农历三月初三)出生在宁海溪南范家村。父辈兄弟五人,圣贤、圣烈、圣铎、圣盛、圣照。其父范圣烈为前清武秀才,母亲徐氏。金镰兄妹六人,大姐仙云,二姐德云,两个哥哥,小妹美云(希纯),他排行第五。辛亥革命前后,他家有一幢三合院两层小楼房、小卖店磨坊等计平房21间,果园一个,田地100多亩,耕牛农具齐备,雇工3名,牲畜20多头(其中有一匹马),家庭生活富裕。

幼年的范金镰活泼机灵,惹人喜爱。身为武秀才的父亲看他具有成才的潜质,在他稍懂事时就教他习武识字,睡前饭后向他讲述岳母刺字、岳飞精忠报国、杨家将一门忠烈、民族英雄文天祥等脍炙人口的历史故事。不满8岁,他上学读书。范金镰天资聪颖,一学就会,背起书来一气呵成,只字不漏,能写一手好毛笔字,还经常为老先生填写红朱格供同学临摹。他记忆力极强,令同学们钦佩,受老先生宠爱。

上学不到两年,家里因遭封建宗族势力的排斥,一时生活窘困,他被迫辍学在家放牧牛羊。一日,去松树坛看早牛,差点被老虎叼走,幸亏自家的大水牯昂首晃角奋蹄斗凶虎,击退饿虎的多次猛扑,并神奇地将牛角套进他身上缠的腰带,把他救回家。少年范金镰成了宁海县内乃至台州府轰动一时的传奇人物。从那之后,范金镰成为溪南松树坛看牛的小人头领,连

故居　车门　平房　奋斗园

范家小学堂一角

年长的都得听他指派。时间一晃过去几年,就在范金镛16岁那年,两个哥哥在一年内不明缘由地亡故,金镛成了家里唯一的男孩。为了支撑门庭,其父不顾家庭拮据,送他去西门正学小学跳级求学。因失学多年,年龄大、个子高的他,起初学习有困难,但由于有良好的天资,加上勤奋,经一两学期的苦读,成为班内成绩最好的一个。尤其是他高尚的人品、超强的组织和演讲能力令师生钦慕。

　　20世纪初,宁海社会贫富悬殊,少数豪门富户占据农村大片土地,他们轿进轿出,前呼后拥,挥霍无度,酒肉人生;而处于社会底层的众多农户,多数靠帮人打工、租种他人田地来养家糊口,还身受苛捐杂税高利贷的盘剥、劳苦终年不得温饱、糠菜半年粮者屡见不鲜。有民谣说“农民头上三把刀,缴租、逼债、竹杠敲”,若逢天灾人祸,为求生存只得忍痛割爱变卖房屋财物,直至典妻卖子,至于娶不起媳妇领养童养媳的比比皆是,麻皮癞头的到处可见,因无钱医治死于常见病的也不少。特别是溪南范家一带血吸虫病流行,很多人家因无钱买药,只得眼巴巴地看着面黄肌瘦、挺着一大肚子腹水的亲人相继离开人世。

　　在正学小学求读期间,范金镛曾多次将家里的粮食送到揭不开锅盖的穷大嫂家,也不止一次将番薯干、麦碎拿去救济青黄不接的贫困邻居。他同情弱者,憎恨那些为富不仁、欺压贫困的土豪劣绅们。有一年夏季,一富豪的稻田被烈日晒得开裂,富豪竟擅自从范金镖家的农田中放水。范认为不打招呼,欺人太甚,跑过去利索地将水缺堵上。富豪板起面孔强行开缺,这一来惹起范金镖的满腔怒火,他面对强暴,毫不畏惧,凭借练就的武功,利落地从富豪手中夺过锄头。富豪迅速躲闪,范金镖乘机将锄头甩得远远的,然后一屁股蹲坐下将水缺堵住。而后任凭富豪如何道歉讲好话,他始终不放水给他。

不久,发生了另一件事。一佃户租种的半亩水稻,田水不慎漏得精光,刚种下的禾苗经不起夏日烤晒,已卷曲倾倒。而范金镖家的稻田刚施过肥,过水会将肥水流失。佃户心急如焚,又不好意思开口,没等佃户求助,范金镖竟立即把肥水放给他,佃户万分感激。

又有一次,一位中年妇女对范金镖的母亲说:"大婶,上午我有一条拦腰丢落在你家了。"接着假惺惺地看了看周围,后又说:"怎么不见了?你得赔我。"此事被范金镖知道了,范认为系在腰间的拦腰不可能会丢失,内中一定有鬼。怎样对付这个贪小便宜出了名的女人?没等母亲劝说,他提起木棒"气呼呼"地直奔那妇人家。那妇女怕受皮肉之苦,没等范金镖接近,就急忙喊:"小弟我错了,小弟我错了!"范蹬了蹬棒头,大声责问:"是否真的落在我家?"那妇人颤抖着说:"没有,没有。""那为什么瞎说呢?"那妇人又说:"我看你家拦腰蛮多,想要一条。"范指着那妇人的鼻子,严加训斥:"穷要穷得有骨气,活要活得有志气。诬害人家,下贱卑鄙。对于你这种人,我今天就要用这根棒头来教训教训你。"没等范举起木棒,妇人扑通一声跪下叩求:"小弟饶恕,小弟饶恕!"

社会的不平等,范金镖身临其境,身受其害,他充满正义感的心被刺痛了。"难道穷的就这样穷下去,富的就如此奢侈糜烂地活到头?"范金镖常为世道不公、生灵涂炭鸣不平,暗下决心愿为劳苦大众讨回公道、谋求生计找出路。

走上革命道路

　　1917年7月,范金镰、柔石、季太才、李士珍同期毕业于西门正学高等小学。范金镰以宁海县第一名的成绩考入台州省立第六中学。少年壮志,他想以文韬武略惠及宁海百姓,将"金镰"改为"文惠",入学台州省立第六中学。20世纪20年代,帝国主义列强侵略中国,大批财物被掠夺,大量洋货毒品涌入国内,中央政府丧权辱国,军阀争斗殃及平民,社会秩序一片混乱。而俄国十月革命的一声炮响,给中国送来了马克思主义,沉睡的东方雄狮开始觉醒。1919年的五四运动冲破了那种"万马齐喑"的沉闷局面。随之,反帝反封建的革命运动在神州大地蓬勃兴起。5月12日,杭州市14所中等以上学校3000多名学生在俞秀松、宣中华等人的组织带领下集会游行,手持标语旗帜,高呼革命口号,号召民众团结起来,烧毁洋货。省立六中师生纷纷响应。范金镰成了省立六中革命运动的组织发动者,5月中旬,他率领省立六中的200多名同学从临海向海门(今椒江区)进发,他们手持标语,一路上高呼"打倒帝国主义、外争国权、内惩国贼、收回山东利益、抵制日货"等口号。沿途民众纷纷加入,游行队伍声势浩大,场面十分壮观。范金镰即兴登台演讲,号召民众团结起来,不辱国耻,反对卖国条约。义愤的民众挨家挨户去搜缴日货及倾销于国内市场的外国商品,什么洋布、洋巾、洋袜、洋盆、洋镀、洋伞、洋烛……所有洋货统统端出,堆放在海门大校场。他将那些洋货撕破砸烂,浇上洋油焚毁。

　　革命运动震撼椒江两岸,波及浙南大地,引发了浙南各县农民、工人、商人、学生的罢工、罢市和罢课。如火如荼的革命运动,狠狠地打击了帝国主义列强和地方恶势力的嚣张气焰,引起当局的一片恐慌。为了稳定局势,政府出动警力,扬言一定要捉拿住学生运动的头目——外宁海的范金镳。而范金镳得到主持正义的社会民众的支持、省立六中革命师生的撑腰，根本不把它当作一回事，仍一如既往地开展反帝反封建的革命活动。范金镳曾几度特地返回宁海深入工商界，宣传激发民众的爱国热情。民众普遍认为购买日货、使用日货有损民族尊严，是一大国耻。他的宣传引发了6月中旬宁海商界抵制日货的行动，一时之间日货成了人人喊打的过街老鼠。紧接着7月中旬，宁海城区师生纷纷奔赴农村，大张旗鼓地开展爱国主义宣传活动。他们张贴标语，散发传单，教唱革命歌曲，编排节目，演活报剧，唱文明戏，反对卖国条约、抵制日货，学生们用砸碎销毁洋货来抒发强烈的爱国情怀。

1920年，范金镳与方惠文（原名方韵仙）结为夫妇。方韵仙，1897年出生于城关河头方孔氏家。书香门第，祖上十三代没有间断过秀才贡生衔。祖辈数代没有女儿，方韵仙是方家门内的独养女，被视为方孔氏家族的掌上明珠。封建社会的旧规礼教特别严厉，方家的家规也不例外，"闺女不能出外读书，不能与任何外人来往，按习俗每天要蹲在家里背诵古诗文或绣花缝衣"。而用长布条、带子包扎小足是当时中国女子必须遵循的清规。而早期接受民主革命新思想的范金镳则认为："妇女只有通过读书识字接触社会，思想才能解放。然而，宣传民主自由、实施男女平等就得身体力行从我做起，实践妇女解放就应从夫人方韵仙开始。"所以他先做通方韵仙的思想工作，先后说服双方父母，让她脱离封建家庭。方惠文于1921年秋进入临海县女子师范预科班读书。为了表明坚贞不渝的爱情，他在入学省立六中前已将自己的名字改为"文惠"，而今天他将夫人名字"韵仙"改为"惠文"，一起到临海上学读书，一同参加台州社会的各项革命活动。方惠文解放思想，带头放缠足。1922年春，他们在临海租了间房子。方惠文幼小时仅读过一些古诗文，没有数字的概念，也不会加减乘除四则运算。范金镳一年内给方惠文补习了算术这一门课程。1922年夏，范金镳从省立六中毕业。方惠文补习了算术，又有身孕，就没有升正科班继续学习，提前完成学业回宁海。

范 金 镳

只有中国共产党才能救中国

由于范金镳品学兼优，校方决定给予其保送免费入学之江大学的嘉奖。之江大学系基督教会所办，范金镳最恨帝国主义侵略者，对洋人洋教持有看法。于是他不顾家里缴不起学费的困难，也听不进家里人的劝说，断然拒绝了学校的保送。为了减轻家庭经济负担，他决定前去报考学杂费不很贵的南京大学。当赶到南京时，考试时间已过，扑了个空。返回的路上，正巧赶上浙江省立法政专门学校在招生。法政学校，顾名思义是培养政法官员的。范金镳憎恨土豪劣绅，不愿充当欺压百姓的官僚，开始时也不想报考，可家里人考虑到范金镳上学年龄已经偏大，若再不入学，又得耽误几年学业。特别是经过岳父的一番劝导，范金镳才勉强同意去报考。

范金镳被省立法政专门学校录取后，自家与岳父家一起才凑齐了一学期的学杂费。10月间，母亲不幸病故，紧接着夫人方惠文生下了孩子。还要支付每个月数目不少的讲义费与生活费，这对于家庭经济状况本来就不太好的范金镳更是雪上加霜。他的同学娄声甫看在眼里，急在心里，除了替他分担部分饭菜钱外，还介绍方惠文到他父亲任校长的上金敦本小学去教书；推荐范金镳利用节假日为一富户家当私塾教师并到敦本小学任兼职教师①。所以后来几年的学杂费与讲义费开支，除家里少量补助外，他多数靠自己勤工俭学来解决。

在校期间，范金镳除了学习专业课程外，还选修了俄语与英语，旨在关注世界革命风云、国际共产主义运动，加深对马列主义无产阶级革命理论的认识，系统了解苏联十月革命的全过程。刚到杭州，他马上与台州、宁波籍旅杭同学联系上，活跃在杭城进步青年中。不久，与在杭州的杨毅卿、陈必峰、娄声甫、双山等组成"宁海旅杭同乡会"，被推选为同乡会负责人。范

① 范金镳节假日当家庭教师，假期满回校上学，全年薪金40元。

金镳一边在法政学校法科学习，一边积极参加杭州市的社会活动，活跃在反帝反封建斗争的行列中。得知上海大学开设马列主义课程，他不惜费用与同学陈必峰等多次前去听课。他与台州籍、宁波籍旅沪同学蒋如琮、邬植庭等频繁接触与交流，加深了对马列主义革命理论的理解。

这期间，范金镳拜访了时任国民党浙江省党部负责人的宣中华，评说时势，表明自己的政治观点和革命目标。学满四年以优异的成绩毕业时，法政学校举荐他去地方法院当法官，范金镳果断拒绝，毅然接受进步青年的推荐，去省教育局图书馆任职。1925年10月，范金镳由宣中华介绍加入了中国国民党，成为国民党的正式党员。其间，范金镳广泛结识省党部内的国民党人与共产党人。根据范金镳的学识与超强的组织宣传能力，国民党省党部指派他担任杭县第六区分部常务委员，负责组织宣传部门的工作。此时，范金镳身兼两职，公开身份是省教育局图书馆主任，秘密身份是国民党区分部常务委员（书记）。

范金镳（1925年摄于上海香港路）

在图书馆里，他阅读了《马列主义与唯物史观》《近代社会主义》《妇女运动》《劳农俄国之考察》《中国社会文化》《辛亥革命史》《大战杂话》《俄国大革命战略》《劳农俄国的考核》《中国改造问题》等80余部革命进步书籍。当看到广东、广西、湖南等地的农民运动蓬勃兴起、成立农民协会、农民自卫队、建立起农民政权，在读到"为求国家之自由平等，乃必须实行国民革命。其手段即是对内打倒军阀，对外打倒帝国主义。中国以农立国，农民占全国人口的百分之八十，在实力方面是结合民众。然而所为民众自然大多是农民"时，用毛笔圈点批注加上着重号。同时阅读了共产党人陈独秀写的《关于社会主义的辩论》《学习马克思主义》，瞿秋白写的《工人之路》《社会主义纲领》《列宁主义概述》和刊物《向导》与《新青年》，阅读了布哈林写的《共产主义ABC》《新中国》《红色》。在中国出版的重要政治著作他都

看过,在深入理解马列主义理论的同时,加深了对中国革命的认识。

比对中国共产党与中国国民党当时的所作所为,他清楚地看到国民党内部派系林立,军阀钩心斗角,殃及百姓,而上海、杭州支部的共产党人则以民族和人民大众的利益为重,置个人的生死于度外。1925年1月,上海、青岛等地的日纱厂工人先后举行大罢工;2月,杭州日本工头殴打12岁童工,引起4万华工抗议大罢工;5月30日,在上海,英国巡捕枪杀工人代表顾正红(共产党员),引发"五卅"血案,全市人民举行反帝抗议大罢工。震惊中外的反帝爱国运动在上海爆发。一场场群众性的反帝爱国运动都是在中国共产党领导下进行的。他认识到,"只有中国共产党站在广大劳苦大众一边,只有中国共产党代表着劳苦大众的根本利益,敢于与列强洋人抗争",认定只有中国共产党才能领导人民翻身求解放,只有中国共产党才能救中国。范金镳在思想上融入马列主义,在行动上与中共上海、杭州支部保持一致。宣中华已于1924年1月10日加入了中国共产党。那时的宣中华持有双重身份,既是国民党员又是共产党员,所以在介绍范金镳加入国民党,指派范金镳担任杭县第六区分部常务、负责组织与宣传工作的同时,又培养范金镳加入共产党组织则十分自然。

家庭的支持

在杭学习期间,每逢节假日范金镳都要回宁海搞勤工俭学,常去宁海岔路上金代夫人教书,也常把外面的新文化、新思想、新时尚,把孙中山先生领导农工革命的事向乡亲们宣讲。据老人回忆,那时的范金镳总是以老大哥的身份把一群与他年龄相仿的人,邀集到他家或范家老祠堂里,教他们识字,讲述革命道理。范金镳与他父亲的性格气质很相似,都是同情弱者、爱国忧民、不畏强暴、正直豪爽。范金镳几次回家都是走家串户,宣传革命思想如痴如迷,连饭都顾不上吃。老父亲不愿派人去找他,总是亲自走一趟。

老父亲不知道范金镶加入了什么党,只知道他是一个有学问的人,他做的事绝对不会错。所以对于他的行动总是无条件地支持。老父热情好客,凡与范金镶结识的同学、朋友个个都视为上宾,盛情款待。

在范金镶十六岁那年,不知何故,与他肩挨肩的两个哥哥一年内相继死去,家庭陷入极度的恐惧与沉重的悲痛之中。那时一向刚强的老父欲哭无泪,为寻求摆脱精神羁绊,或去祈求佛祖保佑或去找瞎子算命卜卦。一次,瞎子拉起嗓子,甲子乙

范圣烈(范金镶父亲)
(1875—1940)

丑丙寅丁卯算了一阵子,然后竭力地弹断了三弦中的两根弦,还绘声绘色地说:"按命理,你家只有囡没有儿,有儿不是今天死,就是明天死,横死直死迟早晚点总要死,不死不是你的儿,你的身边没有儿,有儿也要远走高飞出远门。"老父亲是个虔诚的佛教信徒,在范金镶出生时就叫瞎子排过八字——"五行缺金",为了成全三子,故取名时连加两个"金"予以加固,四柱中没有"财"所以给小儿子取小名为"财"。想拿出"金"与"财"双保险给范金镶避邪固本,指望长大成人、出人头地。当讲到范金镶放牛时,虎口余生,人们都说"大难不死,吉人天相会出职",老父亲心情就舒坦得多。可眼前两个长得又高又大、一表人才的儿子一年内不明不白地死去,他也颇觉胆落心寒。瞎子的话全信吧,心里不平衡,人生总不会如此倒运;不信吧,眼前如此尴尬的局面不能解释,心中的死结解不开:金镶从台州到杭州,又娶媳妇又生小孩,不但没有赚来分文,相反连自己的生活费用有时还要家里提供。好在目前家里生活还能过得去,所以也不指望金镶能挣多少钱,只要他能太太平平地生活下去那就心满意足了。眼前三个儿子只剩下一个,范金镶成了这个家的"精神支柱、希望之所在"。

如此说来,父亲范圣烈对儿子范金镶总是思想上认同,行动上全力支持,经济上物质上全力资助,哪怕卖田卖地抵押房产,哪怕在身上割去一块肉也心甘情愿。

1926—1927 年

建立范家村秘密"党组织"

　　1924—1925 年,《新青年》《向导》《共产主义 ABC》等进步书刊在社会上广泛传播。1926 年 1 月,由国民党中央执行委员会农民部编印的《中国农民》月报第一期在全国各省大书店发行。范金镳如获至宝,他浏览了廖仲恺先生被害的图片、孙中山总理召集农民自卫队训话的照片及自卫军出发前廖部长演说等照片,仔细阅读了陈公博的《发刊词》、廖仲恺的《农民运动所当注意之要点》、谭平山的《国民革命中的农民问题》、毛泽东的《中国农民中各阶级的分析及其对于革命的态度》、彭湃的《海丰农民运动的报告》、罗绮园的《国民革命与农民运动之关系》《中山县事变之经过及现在》等文章,并与党内外革命同志进行反复研讨,总结开展农民运动的经验。又乘回家过春节之际,向具有一定思想基础的乡亲们做广泛宣讲,激发宁海人民反帝反封建的革命热情。富有革命传统的宁海人民,特别是一些进步青年学生、有识之士,纷纷结社散发传单,张贴标语,上街演说,宁海高涨的革命热情,引起省里党组织的关注。

　　1926 年春,中国国民党浙江省党部执行委员会常务委员兼国民党浙江省党部党团书记宣中华委派范金镳回乡发展党组织和民主革命的各项准备工作。回乡后,范金镳以范家村为落脚点,多次召集亲朋好友到"文昌阁",宣讲进步思想;介绍在共产党领导下的京沪杭革命形势;广东、广西、湖南、湖北等地组织农民自卫军、农协会搞减租减息的情况。培养骨干,带着一队人活跃在溪南一带。几个人还多次越过长大岭,到竹林、前童、上金、桑洲,直至南乡海游、珠岙、亭旁等地。卓有成效的政治思想工作,使溪南、西乡与南乡民众对中国共产党的认识不断加深,政治思想觉悟普遍提高。群众从自发的反帝反封建运动转变为自觉的革命运动。身为国共合作时国民党党员的范金镳把革命运动中的积极分子季太才、范圣中、范功连、范圣来、吕增寿、范功臣和西门小学教师潘子炎等团结在自己周围，发展他们为国民党员（或中共党员）。4月份，成立了范家村秘密党组织。因此，范家村成了当时宁海革命活动的中心。后来范金镳因另有任务被省党部召回杭州，范家秘密党组织的工作委托潘子炎负责，正学小学也成了秘密党组织的另一个活动点。

组建中共支部 创办宁海中学

在村里，范金镳听说了这样两个故事。其一，一位年老辈长的佃农对一个小辈的富户儿子说："××，劳驾你，给'公'写个条子。"那个富户儿子板起面孔反问道："公，我读书时你有没有拿出铜板（钱）过？告诉你，我识的字是用铜板买来的，叫我写个字条，你讲得好听，哪那么介容易呀？"说后拂袖而去。其二，一次县里有征兵任务下达到各乡村，保长指派村里一人去当兵（抽壮丁）。人们常说"好铁难打钉，有儿难当兵"，一佃农认为当兵风险大，因此向保长送了一点礼，苦苦央求免了他的儿子。那位保长当着佃农的面写了一张条子，笑眯眯地说："叫你儿子把这张条子送去，就可换别人去了。"佃农说了声多谢帮忙后，随即将纸条交给他儿子，并说了声"保密"，然后叫他儿子送到县里去。谁知县太爷拿到条子一看，上写着"今送上纸条的就是你要的兵"。目不识丁的穷小子哪里知道递上的纸条，竟是一张"逮捕证"。

范金镳为宁海人民渴望翻身求解放而感动，更为宁海出现前所未有的革命势头而高兴，同时也为当地百姓因没有文化吃尽苦头而苦恼。一个近30万人口的中等县，没有一所初中，全县在大学读书的不到10人，西门正学高等小学竟是宁海县（那时三门隶属于宁海）的最高学府，连有财有势的

地主豪绅子弟也得翻山越岭去台州府上学①。因此,范金镰暗下决心,要为发展家乡的教育事业出把力,要以文化惠及宁海百姓,这也就是当初入学台州省立第六中学时将自己改名为"文惠"的内涵。

为了发展家乡的教育事业,设法在宁海开办一所中学,范金镰早就与旅杭甬同学邬植庭、娄启璋、陈必封、娄声甫、双山等谈论过。同时,在去上海大学听马列讲座期间,也与宁海南乡蒋如琮、章广田、王育和、俞岳等几位在上海上大学的同乡商谈过多次。并于1926年4月16日在上海永安公司屋顶公园,就办学的相关事宜召开了一次专题研讨会,会上大家各抒已见。有人说:"我们一无资金,二无校舍,办一所中学有困难。"而旅沪同乡一致认为:"我们虽无资金与校舍等教学设施,但我们都自愿担任义务教师,教育教学管理上有我们的优势,如时任上海大华中学校长、北大毕业的章广田,在社会上有着较高的声誉,是校务主任(校长)的理想人选。"有人提议:"没有教室我们可乘小学放暑假之际,向学校借用一两个教室办补习班,为小学毕业生、为初中辍学生补习功课,为日后办中学做铺垫是可以的。"你一言,我一语,大家都为宁海办一所中学献计献策。因此,"借教室办补习班,先搭起架子"这一好主意,得到了与会大学生的一致赞同。当有人提议能否借用享有盛名的西门正学小学的教室时,范金镰则自告奋勇:"西门正学小学离我家很近,我最熟悉。在正学小学办补习班不成问题。"还拍拍胸脯说:"借几个教室,包在我身上。"最后,大家统一思想:"在正学小学,先把暑期补习班办起来,当形成气候了再做计较。"

范金镰回杭州后,马上向刚担任"中国国民党浙江省党部执行委员会常务委员兼国民党浙江省党部党团书记、负责省党部的全面工作"的宣中华做了汇报,此举措得到宣中华的高度赞赏与支持。经宣中华以国民党省党部、中共杭州地委名义与上海支部局协商,上海支部局同意蒋如琮等回宁海协助范金镰开展办学、建党、组织民众反帝反封建的工作。

---

①有民谣说:廿里铜岩岗,好人走黄胖,脚底三层泡,苦死读书郎。

1926年夏,范金镳受国民党浙江省党部与中共杭州地委的派遣回宁海。为了集中精力搞好工作,他毅然辞去省立教育局图书馆主任一职。辞职停薪后,他约同刚放暑假的旅沪、杭、甬同学蒋如琮、章广田、俞岳、王育和、杨毅卿、林淡秋、邬植庭等七人,回乡义务实施他们的既定方案。几位旅沪、杭、甬同学虽属宁海同乡人,但蒋如琮他们家在三门,离宁海县城较远,范金镳是地道的宁海当地人,有着得天独厚的有利条件与广泛的社会人际关系。因此,由范金镳牵头办学是最合适不过了。一队人马,初到宁海,河头方家(方惠文娘家)与范家村(范金镳家)成了他们的旅馆饭店。他们分工分线,各项工作有条不紊地开展起来。

西门正学高等小学校务主任(校长)周郁卿先生是一位德高望重、思想进步的知识分子。他与范金镳的交情很深,在周郁卿先生的心目中,范金镳是一个值得信赖的人。为了借用校舍办暑期补习班,范金镳先前曾与周郁卿先生谈起过,这次正式提出,周郁卿先生欣然应允。于是,大家就为办补习班忙碌起来,没过几天,分头从全县各地招来小学毕业生与初中辍学生共60余人,办起了"消夏社"暑期补习班。

处在国共合作这一非常时期,为了表明自己的政治身份,办成共产党的宁海中校,范金镳办理了入党手续。"入党介绍人为蒋如琮、邬植庭与汪益增。1926年8月,成为中国共产党正式党员。"①接着,范金镳又介绍包定、王育和加入了中国共产党。由范金镳、蒋如琮、潘子炎、王育和、包定、邬植庭等6人组建了党支部,大家推举蒋如琮、范金镳为支部负责人。

在补习班任教的教师都是见过世面、愿为振兴家乡教育事业办实事的热心人,愿尽义务,不计报酬,工作兢兢业业。他们思想解放,提倡新文化,反对老八股,讲政治,学国文,开设新课程"代数",教育方法新颖。历时不到两个月,学生满意,社会反响良好。但因教学中富有浓郁的政治色彩,引

---

① 录自范金镳留学苏联时,1929年11月27日填写的联邦共产党"中国共产主义劳动大学"党团员登记表。

起了封建地方势力的强烈不满。虽然暑期将要过去,封建顽固势力竭力阻挠他们的子女来消夏社暑期补习班上学,还强烈要求宁海县政府取缔"消夏社"。可是众多有识之士则竭力呼吁社会,支持这批"有骨气的宁海人"把补习班延续办下去,还要求这批"宁海自己的大学生们"为发展家乡的教育事业、创办一所属于宁海自己的中学。结束邻县均有中学,唯独宁海没有中学的历史。

根据宁海当时的社会现状与民众的强烈要求,范金镳、蒋如琮等把握时机,党支部决定:"延续补习班,创办起宁海中学。"推荐章广田为校务主任(名誉),推举范金镳为宁海中学校务主任(校长),蒋如琮为教务主任。在消夏社的基础上,新来了鲍寅、金甘淡、陈赓平、蒋建人、潘以治、吴文钦、朱守训等任课教师。经筹划,9月初贴出招生广告,面向全社会,向一切贫寒家庭的子弟开门,同时招收女生。实行中学男女同校是宁海历史上没有过的,立即遭到封建顽固势力的诽谤与攻击,说"宁海土浅是办不起中学的""男女同校,有伤风水",指责范金镳这批宁海人无法无天,在办"共产共妻"的学堂,竟多方阻挠学生报名入学。为了打破这种僵持的局面,性直心急的范金镳马上领着胞妹范美云(范希纯)报名上学,又在夫人方惠文的协助下动员岔路上金的娄舜音(娄朗怀)、溪南应振民等6名女生入学,后来女生增加到11名。在较短的一段时间内,以报考与推荐相结合的方式,招来初中一、二年级两个班83名学生。9月10日,举行了开学典礼。

为了合法办学,得到县政府的认可,范金镳、蒋如琮、王育和等联系社会名流,与县知事李洣交涉了20多次后,才勉强获准。此时,搞分裂的黄正铭(东南大学读书)、章桂(上海东亚大学读书)、章桓等立即宣布退出,土豪公开出面捣乱,说什么:"宁海中学没有经政府登记备案就开学,不符合法律手续,不能承认。"明知学校没有经济来源,还煽动阻挠克扣800元开办费的下拨①。真是祸不单行,此时,积极支持办学的西门正学小学校务主任周郁卿先生不幸病故,西门小学新调来一个竭力反对办中学的校长金明清。这对于创立之初的宁海中学来说真是"雪上加霜"。

开学伊始,宁海中学支部又发展了新党员方惠文、葛德贤、娄舜音、应振明、范希纯、陈泽芳、范圣中、叶钧等。所以,无论外部压力多重、困难多大,宁海中学支部的几位共产党人都挺了过来。

支部确定范金镳主要负责党务,蒋如琮主要负责教学业务工作。由于学校的领导权掌握在共产党的手里,所以学校的一切措施与教学安排都带有强烈的革命内容,言行举止离不开反帝反封建。自从实施男女同校后,开始向社会宣传男女平等、解放妇女的思想,反对"三从四德"等封建制度。学校提倡女生留短发,范希纯、娄朗怀、应振明带了个头。对于当时封建意识很浓厚的宁海来说,这不能不说是一个很大的震动,引起了一群人的冷嘲热讽。范希纯、娄朗怀、应振明她们从学校回家的路上,总是有人在她们的背后指指点点,辱骂她们"头发剪成像鸭屁股""尼姑不像尼姑,和尚不像和尚""辫子大概是做坏事被捉奸的剪掉的",等等。她们听到这种辱骂,委屈地哭着回家。范金镳得知后就既严肃又认真地做她们的思想工作:"这就是革命,共产党人连掉脑袋都不怕,还怕别人骂?"他帮助范希纯、娄舜音、应振明等认识到,"要革命就不怕牺牲,革命道路是不平坦的。作为一个新女性,就应该勇敢与坚强"。在辱骂声中,她们不但没有被折服,反而越来越坚强。为了加快妇女解放步伐,形成社会大气候,宁海中学党支部决定让华禹模、葛德贤、叶燕翼、童中止、王祥等男女师生在城隍庙同台演出文明戏,这样也结束了宁海历史上中学生从未出现过男女同台演戏的历史。反对封建礼教、实行男女平等成了那时宁海社会的一大闪光点。

---

① 开办经费是蒋如琮请章广田介绍,持章广田同村人章梫(清末翰林)的介绍信,向宁波道尹朱文劭请求帮助,朱文劭同意用赈款800元作为宁海中学的开办经费。

首批剪去长发留短发的宁海中学女生（1926年摄于教室前）
左起：陈泽芳　冯　冰　应振明　范希纯　娄朗怀　娄涵芳

　　范金镳审时度势，把宁海中学作为传播马列主义、宣传共产主义 ABC 的论坛。范金镳挨个找师生谈话，做他们的政治思想工作，培养进步青年加入中国共产党。他亲手编写好宣传提纲，利用课余时间带领师生小分队，深入乡村田间地头、商店、农户家。他对妇女们说："现在社会男女极不平等，有钱人可以娶三妻四妾，男人老婆死后可以续娶，而男人死后女人不能再嫁、要守寡到死。"控诉不合理的封建社会制度，揭露男女不平等、社会的黑暗。他对乡亲们说："土豪劣绅整天不劳动，吃得好穿得好，吃乌烟白粉，挥霍无度。你们呢？整天劳动仍吃不饱穿不暖，生起病来无钱买药，只得听天由命。"他讲述孙中山先生的"耕者有其田"等三民主义思想，揭露社会的不平等。他说："国民党与共产党完全不同。国民党参加国民革命是表面的，自己能升官发财就完结了，是不管老百姓死活的。只有共产党是真正为穷人闹翻身求解放的。共产党不是为了个人，而是为了劳苦大众的。"在师生中他又发展了蒋建人、邬兆民、叶燕亦、冯冰、娄涵芳为中共党员，在社会上发展了范家村的范功宝、范功忠、范功荣等为中共党员。1926年10月的一天，范金镳召集新党员方惠文、娄舜音、应振明、范希纯等在溪南罗家吕增寿家举行了简朴庄严的入党宣誓仪式。墙上挂一块红布(代表党旗),全体党员面对党旗举起右手,由邬植庭领读宣誓:"我志愿加入中国共产党,革命到底,奋斗到底,不怕牺牲。"

短时间内,以宁海中学为活动中心,以布店、鼎和糕饼店、方家、范家、罗家、前童、岔路上金、桑洲、南乡海游、亭旁等为联络点,党的组织发展工作有序开展起来。在城关河头方孔氏家印刷文件传单,范金镳的岳父母成了义务通讯员。龙灯墙口季太才家成了秘密联络点;授意娄朗怀等在季太才家暗室中用药水蘸写秘密文件(隐形字)与杭州支部局取得正常联系,汇报宁海共产党的工作情况,接受上级党组织的指示与任务。

声援遇难同胞

1926年8月29日,依仗帝国主义攫取的在华内河航行权,英国"万流"号商轮在四川云阳江上肆意疾驶,浪沉运载军饷的木船3艘,官兵和船民50余人淹死,饷银8.5万两和枪支50余支沉入江底。8月30日,英国"万通""万县"两轮船由重庆驶抵万县,杨森派兵予以扣留。9月5日,英舰"嘉禾"号、"威警"号和"柯克捷夫"号进泊万县江岸,强行靠帮跳舷劫夺被扣的轮船,开枪打死守船的杨部士兵。杨森部队给予回击。英舰竟开炮轰击万县繁华市区近3个小时,发射炮弹300余发,军民死伤以千计,民房商店被毁千余家,造成"万县惨案"。9月6日,朱德、陈毅推动召开了万县各界万人抗英大会,组织"万县惨案"后援会。中共四川省委在重庆成立了"万县九五惨案后援会",并通电全国。9月18日,重庆举行有十几万人参加的抗英示威游行。随之,四川省内各地,以及上海、北京、广州、长沙、武汉等城市举行抗英示威大游行。

遵照杭州地委指示,宁海中学党支部决定全校停课。9月26日,范金镳率领全校师生与社会各界人士300余人,走上街头,开展声势浩大的"为

范 金 镰

国雪耻,严厉制裁英帝国主义"的宣讲活动,抗议声讨帝国主义对中国人民所犯下的滔天罪行,呼吁全社会民众团结起来,严厉制裁英帝国主义,以集体签名发电函等多种形式声援遇难同胞。在群众集会上,范金镰陈述惨案真相,强烈控诉了自鸦片战争以来,帝国主义特别是英帝国主义对中国人民犯下的滔天罪行,阐述共产党人反帝反封建的严正立场。会后举行了游行示威,义愤的群众振臂高呼"打倒帝国主义""英帝国主义罪该万死""英国佬从中国滚出去""为死难同胞讨回血债""血债要用血来还"等革命口号。随后组织师生分20人一组到全县各乡宣传反帝,申明爱国主张,激发宁海儿女的反帝爱国热情。

搜捕 演讲 劫持

宁海中学师生的革命行动推动了社会民众反帝反封建的革命热潮,也搅乱了当局的阵脚,师生的革命舆论、马列主义思想的宣传,动摇了腐朽没落的封建思想基础。为了得到宁海中学的办学"经费",范金镰曾与西门正学小学校长金明清闹得不可开交。金明清明里斗不过范金镰,竟借口中学生欺侮小学生,如打篮球时"有意"把小学生踢伤等,强行要用篱笆把中小学隔开,将中小学分离。当获悉金明清将正学小学校产占为己有时,范金镰紧紧抓住金明清贪污校产经费这一把柄,组织师生去县府请愿,要求审查校产、清算教育经费的开支,击中了金明清的要害,顿时学校乱成一团。

1926年10月中旬的一天下午,县知事李㳅前呼后拥前地来到学校调停。没想到,轿未停稳,顾不上寒暄,中学师生一哄而上将李㳅团团围住,先要他做出下拨经费的承诺,然后要他签字、拿出批文手谕。而狡猾的李㳅,先是错开话题闭口不谈经费,后推诿诡辩始终不答应,并把师生的正当要求看作是无理取闹,然后一边应付,一边向小学办公室方向退缩,意欲离开、溜之大吉。师生们早就看出李洣没有解决问题的诚意,出于义愤,竟拽开他的随从将他拦住,指着鼻子训斥、奚落,弄得李洣十分狼狈。而另一批学生则瞄准李洣的坐轿,砰砰嘣嘣任性拍击,直至将坐轿撕破掀翻。李洣这才惊恐万状,以小便急为借口往厕所里躲,由于过分紧张也不分男女厕所就冲了进去,学生们顺势把他关在厕所里,说了句"那你就不要出来,住着好了,晚安!"一向威风凛凛的李洣出尽洋相,巡视学校变成被关进厕所,令在场的中小学生乐不可支。但李洣在想,"干出如此胆大妄为的事,非范金镳莫属"。

恼羞成怒的李洣知道被共产党把持的宁海中学不好对付,知道为首的范金镳最具号召力,又是熟悉路道、人际交往广泛的宁海当地人。奈何不得,怎么办? 无奈之下,李洣密报浙江省政府:"范金镳在学生中宣传赤化,发展共产党,强迫学生入党,煽动师生民众对抗县政府。"这一状果然奏效,没过几天,省长通令全省各县以"宣传赤化的头目"的罪名,要把范金镳"查照协拘归案";李洣还捏报宁波防戍司令部:"宁海中学有大批赤化分子盘踞捣乱,请求宁波防戍司令部火速派兵前来进剿。"同时,县政府以宁海中学被共产党把持、宣传赤化、扰乱社会秩序为由,撤换了校务主任、教务主任蒋如琮等,并出动警力四处搜捕范金镳。10月的一天,一队警察先到宁海中学,后去城关河头方家,再去离城稍远的范家村搜查。由于警察只知道范金镳是本县溪南范家村人,不知其模样如何。当警察来到范家村口时,正巧遇见向农友宣传革命道理的范金镳。警察指着传票,询问传票中的人住在哪里,走哪条路去他家最近。范金镳接过一看,便说"此人就是我,有什么事?"几个警察被惊呆了,他们万万没有想到,被缉拿的罪犯竟如此光明磊落、风度翩翩。随即说了句,"李县知事请你去一趟"。身旁的村民为范金镳捏了把汗,而范金镳却不把李洣放在眼里,他想正好有机会可与这位县知事对簿公堂,故十分豪爽地应了句"好呀",就与警察一起上路,还边走边与警察聊起家常来。问这个家里有几口人,问那个当了几年差、俸禄如何? 得知他们的父辈也在租种地主田地,他们也曾帮人看过牛,迫

范　金　镳

于生活才出来混饭的。当走到西门路廊时,范金镳索性站到石凳上去,借题发挥,对着警察与围观民众,滔滔不绝地讲起来,号召受压迫的人民团结起来,跟着共产党闹革命,只有共产党才能领导劳苦大众翻身得解放。大约过了20分钟,公务在身的警察才制止他演讲,敦促他上路。

课间在宁海中学门房的学生叶均、童遵秀(童子俊)等惊奇地发现4名警察押着范金镳从学校门前经过。机灵的叶均、童遵秀鼓起勇气向院内大声喊:"范先生被警察抓走了,大家快来呀!"学生范圣中也站在院子里焦急地呼喊求救。说时迟,那时快,葛德炎、叶燕翼(亦)等20余名师生,随手操起木棒、扫帚、箕畚,捡起石块,冲向警察,并与警察厮打起来。4名警察中两个被打跑,两个被扭住打得呀呀叫,其中一个跪在范金镳跟前向他求饶,范金镳劝大家放掉他们。两个警察跑了几步,又怕街道两旁市民袭击,小头目做了个手势,他们才朝上旺畈方向逃走。

师生们抢回了范金镳。校内开了个简短的碰头会,同志们关切地劝导范金镳,反动派已对共产党举起屠刀,许多共产党人被害,你若被抓住则必砍头无疑。所以坚持硬拼不策略,要他马上离开宁海去外地避风。师生们当即拼凑了部分盘缠,催促他上路。

当县知事李洣得知范金镳被宁海中学师生劫回,再派大队人马来宁海中学拘捕时,范金镳已被同志们护送出西门。他当夜投宿在黄坛麻车杨佩钰家,次日早晨由村民带路抄小道到岔路上金,换装打扮成生意人模样,翻山越岭经天台过义乌,走江西,日夜兼程,去广东投奔国民革命军。

抄家　抄宁海中学

范金镳被宁海中学师生抢回又出走的消息不胫而走,县知事李洣由于没有抓住范金镳被上司骂得狗血喷头。军阀孙传芳下令全省通缉范金镳。李洣为了对省督有所表示,就以共产党头目拒捕为借口,出动一队人马到范家找范金镳的父亲出气。范的父亲性格刚强,火气也大,身为武秀才的他,也没有把这几个"警察烂眼"放在眼里。他先将警察拒于门外,然后与他们评理:"我'财'犯了什么罪,你们为什么三番五次来寻

宁海中学师生合影(1926年10月27日)

生事。"你抢我夺,你抄我捂,警察翻箱倒柜,推来搡去。范金镳的父亲在抗争中被拳打脚踢,吃了两枪托。到底他们人多势众,只得眼巴巴地看着财物被劫,楼上楼下一片狼藉,车门上被贴上封条,家人被强行逐出家门。紧接着,城关河头方孔氏家(范金镳的岳母家)也被抄劫。同一天,另一队人马闯进宁海中学,抄了办公室与部分教师的寝室,学生寝室被砸得一塌糊涂。警察没有找到要搜缴的赤化宣传材料,只得敲桌板凳发泄了一阵子,然后扬长而去。一无所获的李㴑当局对宁海中学这一共产党的"堡垒"不放心,又密报宁波防戍司令部,说大批赤化分子盘踞在宁海中学造反捣乱,今头目已逃、余党犹在,要求立即派兵搜捕镇压清查。时任县文教科员的林笃夫先生(林淡秋的父亲)获悉"国民党宁波司令部将派两个团的兵力,

海游小学旧址

由团长段承泽亲自率领自奉化来宁海缉捕共产党"这一信息后,马上通知宁海中学,要求师生们采取紧急措施。面对紧张而复杂的局势,为了保存革命的有生力量,宁海中学党支部召开紧急会议,果断做出"暂时将学校搬迁到远离县城的南乡去"的决定。

范 金 镳

1926年10月27日早晨,师生们在正学小学体育场上合影留念。11月7日晚上,大部分教师与男生(女生因膳宿不便未去)趁朦胧月色,肩背行李,翻山越岭,步行50余里到达宁海南乡——海游镇。次日,借海游小学教室继续上课……

在北伐军中

1926年10月中下旬,范金镳来到了广东参加国民革命军,几经周折找到了时任国民革命二十六军秘书主任兼军法处处长孔墉①将军,就投奔到孔墉将军的麾下。范金镳向表哥孔墉将军讲述了自己的经历,得到孔墉将军的高度赞赏,就接纳了范金镳。根据范金镳的学识意志与组织宣传能力,先安排范金镳在严重②的二十一师任职。1927年1月,范金镳随国民革命军二十一师,自江西转战浙江兰溪;2月于桐庐获得大胜,乘势进占杭州。范金镳先后担任连指导员、二十一师六十三团党代表兼任师募筹委员,指挥部队参加过三次战役,沿途不断摧毁地方反动武装,解救受苦受难的同胞。北伐革命军受到沿途民众的热烈欢迎。范金镳身先士卒,冲锋在前,英勇顽强、平易近人,深受官兵爱戴。由于率领部队连续打了几个大胜仗,绰号为"范大炮"的范金镳,成了北伐军中的知名人物。

改组国民党宁海县党部 始建中共宁海县支部

随着北伐战争的不断胜利,革命形势一天天好转,宁海中学的学生要求回宁海城里上学过寒假的呼声也越来越大。根据实际情况,宁海中学党

---

① 孔墉将军是范金镳夫人方惠文舅舅孔子庄的儿子,方惠文的表哥。

② 严重是北伐时第二十一师师长。

支部研究决定,1926年农历十二月下旬,由俞岳、林淡秋两位老师带领,宁海中学又从海游镇搬回宁海城里,俞岳担任校务主任,王育和担任教务主任,重新开学上课。

1927年1月,国民革命军第十九军先遣队占领宁海县城。时逢北洋军阀孙传芳部属周荫人部队自福建败退浙江,1月9—11日,路过宁海的周荫人旅,与起义参加国民革命的浙军余宪文师,在宁海西门外发生了一场遭遇战①。北伐军代表民众利益,纪律严明,深受群众爱戴。宁海中学师生与群众不怕艰险,积极为北伐军做向导,运送军需物资,配合北伐军光复宁海。县知事李洣慌忙潜逃。宁海县代理知事一职被民团团长、土豪孙乃泰窃取。孙乃泰为了响应北伐,把执掌的县知事钢印交给应蒙梅保管,随后追击周荫人部队,全城一片混乱。2月中旬,北伐军光复杭州、宁波,大好的革命形势向全省铺开。时任北伐军二十六军二十一师六十三团党代表的范金镳随北伐军进驻杭州。

正值国共合作时期,国民党省党部指派范金镳带领部队来宁海改组国民党县党部,组建国民新政府。共产党上级党组织指派他担任宁海县支部书记。迎接国民革命军进驻宁海的盛况空前,场面十分热烈。

得知范金镳回来,范家村村民们欢欣鼓舞,即刻启封了被当局查封的房子。同时,村民们向范金镳控诉一伙土匪武装为非作歹、欺压百姓的事,强烈要求革命军除掉这伙顽匪。英勇的北伐军在范金镳的指挥下,经过几个小时的激烈枪战,捣毁了盘踞在崇寺山一带的一伙土匪黑窝点,为民除害,向宁海人民献上一份进城礼。

北伐军赶走了应蒙梅,并从应蒙梅的手中夺回县钢印。范金镳被国民党浙江省党部指派为国民党宁海县党部的总负责人。根据上级党组织的意图,要建立以共产党员和国民党左派人士为骨干的国民党宁海县党部。范金镳即刻联系宁海中学的共产党员、革命师生,马上组织了一场夺取国民党党权的斗争。范金镳认为:"学校不是党政机关,不能出面领导民众。

① 宁海战役是北伐军在浙江境内对孙传芳军阀部队进行的四大战役之一。

我党要领导革命,必须把掌握在土豪劣绅手里的国民党党权夺过来,方能名正言顺地进行各项工作。"在党的组织会议上,范金镳明确提出:"遵照上级共产党组织的指示,我们党团员先以个人的名义加入国民党,但必须保持党团员在组织上、政治上的独立性,同时要联合国民党左派。着手改组国民党执监委员会,决定了具体人选,在这次组织会上得到一致通过,并形成了整顿国民党县党部的决议案。成立国民党宁海县党部,潘子炎任常委,李平为宣传部长,蒋益谦为组织部长。"紧接着,范金镳协助持有"国民党省党部台州六县特派员"身份的汪维恒(共产党员)主持召开国民党代表大会与国民党全体执监委员会,讨论接收县级机关的具体方案。"有的干部提出由章广田去代理知事,以徐锡韬去代理警察局长,由县党部备文上报,请转省府核委。"这时范金镳提出异议:"目前正当局势混乱之际,我们的人不宜派去代理,要避免樟树璜溪口一带的地主、土匪武装借口攻击,引起武装冲突。我们要保持实力,一面要采取团结一切可以团结的力量,为我所用。如前童的童一秋先生是一位开明绅士,而且一直倾向于我们的,他的声望也很高,请他出来当县长具有极大的作用。"可是南乡的干部坚持要推举章广田为代理县长,经民主协商后,最后采纳了南乡干部的意见,确定保举从上海回来的章广田(非党员)为代理知事、徐锡韬为警察局长。按照党的决定,整顿好国民党县党部、接管了全县各级机关政府。林淡秋与其父林笃夫分管教育与民政,方惠文任妇女部长,季太才任执行委员,林泽青为县府秘书,陈必封为审判长。简化诉讼手续,允许人民口头诉怨,逮捕法办民愤极大的土豪劣绅,四乡劣绅开始收敛劣迹,教育局长金明清潜逃,撤换全县不称职的小学校长,教育界气象焕然一新。劲简回忆道:"二月,省党部委派汪益增来宁海检查工作,校内成立了党支部,书记蒋益谦,组织邬植庭、宣传李平。"①在短时间内,宁海中学调入与发展了新党员16名(其中女性5名)。此时宁海中学的教师党员有蒋益谦、李平、蒋建人、王育和、邬植

---

① 录自县档案馆20世纪60年代县党史研究小组对蒋益谦的访谈记录。劲简即益谦。

庭、林越(临海人)、陈春霖(珠岙人)、方惠文。学生党员有范圣中、娄舜音(又名娄朗怀)、应俊明、陈泽芳、葛德贤、叶钧、冯冰、范希纯、邬兆铭、叶燕亦、娄涵芳、徐孝慰等。宁海中学又邀回前任的大部分教师。因为师资水平高、学科门类齐全,城乡学生纷纷前来报考求读,有县署的拨款,还有社会各界的赞助,宁海中学学生由近百人扩展到四五百人。范金镳兼任政治教员,亲手发给每个学生一本《共产主义ABC》,并予以辅导。在国共合作的特定环境中,宁海的共产党人借助国民党县党部的合法地位,整顿后的县党部要职均由共产党员来担任。范金镳把国民党县党部第一区分部的牌子挂在宁海中学门墙上。在中共宁海县支部的领导下,新政府积极配合北伐,响亮提出"打倒列强""打倒军阀""打倒土豪劣绅"。全县范围内组织民众武装,实行减租减息,维持社会治安,禁赌禁毒,破除迷信,批斗了城内劣绅、北乡土匪孙维南,赢得了民众的广泛支持与拥护。

建立宁海农村第一个党支部
——中共溪南范家村支部

为了把民众的革命运动引向深入,积极发展农村党员,充实党的力量是范金镳首先考虑的大事情。早在1926年春,范金镳培养的革命积极分子率先在溪南范家村建立了一个秘密党组织。1926年9月,在宁海中学建立起党支部时,把秘密党组织中的季太才、范功连、范圣来、范功臣、潘子炎等发展为中共党员。同时在范家村发展了范功宝、范功忠、范功荣等为中共党员。1927年3月,又发展范功圣、范建功、范大富等为中共党员。至此,溪南范家村有范功连、范功宝、范功忠、范功荣、范功圣、范大富、范建功、范功臣、范圣来、范圣中、吕增寿等11名中共党员。大家推选范功连为党支部书记,自此就建立起了宁海县第一个农村党支部——中共溪南范家村支部。

范 金 镳

组建起四乡地方党组织

1927年3月,范金镳以中共宁海中学支部为基点(中心),多次召开专题支部会,把每一位师生党员作为骨干,给他们布置任务,要求他们分头深入自己所在镇乡各村,向全县各地宣传党的主张,培养农运积极分子加入中国共产党。卓有成效的政治思想工作,在四乡各地培养出多名农运积极分子,短时间内全县党员队伍迅速扩大,党员人数发展到100余人。以李根寿为党支书的中共宁海城区支部、以范功连为党支书的溪南支部、以邬植庭为党支书的中共洪石支部(北乡)、以章洪广为党支书的中共海游支部(南乡)、以包定为党支书的中共亭旁支部(南乡)、1927年4月以徐孝慰为党支书的中共长街直属支部(东乡)及以张理权为负责人的茶院党小组(东乡),至此,宁海县城乡十来个党支部相继建立健全起来。

保卫县党部 营救被困师生

在党的领导下,由章广田代县长主持的新政府,推动革命群众运动轰轰烈烈地开展起来。被赶下台的反动势力不甘心他们的失败,对民主新政权虎视眈眈,伺机破坏捣乱。地方黑势力头目孙乃泰的胞弟孙维桓,见孙乃泰县知事一职被剥夺,十分气愤。3月16日,孙维桓父子与国民党右派黄之西及劣绅王迪、金甸华、柴芳、陈刚山等相勾结,以民团为骨干纠集流氓土匪200余人,晚上8时从北门闯入县党部、县公署及宁海中学,捣毁办公室,强捕县党部工作人员与宁海中学师生20余人,枪杀民众3名,伤10余人。听到接连不断的枪声,面对咄咄逼人的土匪武装,范金镳当即领着警卫员,操起手枪指挥纠察队一队人投入战斗。凭着作战经验和对敌斗争的英勇顽强,经数小时迂回奋战,击毙顽匪7人、打伤数10人,解救了20余名宁海中学师生。当伤亡惨重的土匪得知范金镳在亲自指挥战斗时,顿时闻风丧胆,纷纷向大北门逃窜。范金镳乘胜追击,把残匪驱赶出城。为了防止土匪的再度骚扰,对大北门一带又做了严密的布置①。

动员民众　支持北伐

1927年2月,杭州地委指示:"地方党组织要全面发动民众,组织社会各界广泛深入地开展革命活动,支持北伐。"根据外地经验,考虑社会舆论的造势作用,最能激发人们斗志扩大影响力、最具政治感染力的莫过于召开"万人大会"。经范金镳、蒋益谦、李平的周密筹划,县党支部决定在城关城隍庙召开全县群众大会。各支部遵照县党支部指示分头动员民众,自备干粮,带着棍棒、龙刀、长矛,抬着土炮。1927年3月初的一天上午,四乡农民、手工业工人、学生、商人社会各界群众数千人聚集在城隍庙。大会主席范金镳在会上做报告,首先介绍了广东、武汉、湖南等地民众成立农民自卫队,实行减租减息,斗土豪劣绅,开展土地革命的情况;又以自己的亲身经历,讲述北伐军不断摧毁反动势力取得一个个胜利的场面,鼓励大家学习两广农民的革命经验,积极行动起来,有钱出钱,有力出力,万众一心支持北伐,夺取民族解放事业的彻底胜利。言辞铿锵有力,革命道理鼓舞人心,会场上雷鸣般的掌声经久不息。会后大家手持标语旗帜、提着长矛刀枪、抬着土炮,举行了声势浩大的游行,情绪激昂的群众振臂高呼:"打倒帝国主义""打倒军阀""铲除土豪劣绅""打倒贪官污吏""实行三民主义""反对剥削""反对压迫""男女平等""自由万岁""国民革命胜利万岁"等革命口号,气势宏伟,展示了宁海人民的革命力量。声势浩大的群众集会,使土豪

①载1927年3月22日《时事公报》。

劣绅大为惊恐,反动势力对群众的革命运动怕得要死、恨得要命,妄图暗害群众领袖范金镳。由于范金镳系国民革命军人,有着高度的革命警惕,经常佩戴手枪带着警卫员,还得到了社会民众的保护,所以暗害范金镳的图谋始终不能得逞。

掀起革命新高潮 建立起宁海县民主新政权

1927年3月初的"万人大会"后,民众革命热情高涨,宁海城关、乡下出现了前所未有的革命景象。在县党支部的部署下,四乡党组织异常活跃。宁海中学党支部组织学生分20人一队,每逢宁海城区市日(逢五、逢十)上街宣传,教唱革命歌曲。晚上与课余时间组织学生深入街道居民家、乡村田头、农户家做群众的政治思想工作。全县党的组织不断发展壮大,党员人数从开始的几十人增至百余人。经过两个月的努力,城区的泥水匠、铜铁匠、理发师、裁缝工、刻字工、修理工等300多手工业工人加入了各地工会,三月间成立了以杨永福任会长的宁海县总工会;农民运动蓬勃开展,全县各地建起农民协会分会20多个,会员达3000余人,成立了宁海县农民协会;建立地方武装,范金镳亲自担任工农自卫军总指挥;宁海中学建立起青年团组织及党的外围组织"少年革命同志会";在溪南范家、东乡茶院、西乡上金及南乡各地办起平民夜校,指导贫苦农民学习文化,扫盲识字,向农友们讲述革命道理。提倡男女平等,号召妇女破除封建迷信、解放思想走向社会,提倡妇女留短发、放缠足,提倡婚姻自由。一场反封建争自由求解放的妇女革命运动在全县展开。三八妇女节那天,在共产党员黄秋莲协助下,在端本女校召开了宁海妇女代表大会,成立了宁海县妇女联合会,推举女党员应振明担任妇女协会主席,会后举行了游行示威。从此,宣告宁海县民主新政权建立。

西乡、南乡人民心目中的共产党人

范金镳与岔路上金敦本小学娄校长的儿子娄声甫同在法政专门学校读书。娄声甫身体不好,范金镳总是陪伴他到杭城各医院看病求医,熬煎中草药,洗衣烧粥,生活上照顾得无微不至。后娄声甫病情恶化,药物不济,是范金镳向学校请长假陪他回家,范金镳与娄声甫情同手足,形影不离,直至娄声甫病故。娄校长一家非常感激,村民们都为范金镳的人格情义所感动。其间,范金镳相中上金村青年娄启璋①,将胞妹范希纯介绍给他。响应新时代妇女求解放的号召,在剪短发、放缠足的同时,范金镳说服老父不送彩礼、婚事从简。那时社会上的一般家庭,闺女出嫁都要乘坐四人抬的花轿②过门、头戴凤冠、身披霞帔拜堂。当时双方家庭在社会上都有一定的地位,有条件按旧习俗操办婚事。但范金镳为寻求妇女解放,提倡婚姻自由,认为革命就应从我做起,毅然决定移风易俗,不让胞妹坐花轿、不戴凤冠、不披霞帔,仅坐两人抬的小轿,头戴简易婚纱罩,实行文明结婚。穿村过岭走在从范家到岔路上金的二三十华里路上,社会舆论一片哗然。范金镳的人格魅力感动着上金人民,言行举止闪烁着共产党的光芒,在西乡、南乡民众的心目中树起了共产党人的光辉形象。

组建中共上金支部、中共桑洲支部

范金镳的人格魅力感召着西乡民众,在上金人民中享有崇高威望。所以他夫妇俩以教书做掩护,宣传革命思想能被民众所接受,组织的反帝反

---

① 娄启璋,宁波省立四中毕业,在宁波加入中国共产党。
② 高档的乘坐四人或八人抬的大花轿。

封建运动得到了民众的积极响应。在有利的社会环境与人际关系中,效仿两广农民运动的实施方法与步骤。范金镳率先在上金组织起农会,废除不合理的契约,进行减租减息,开展土地革命运动,柯①奸捉贼禁赌,打击土匪等社会黑势力,斗争土豪,营造了良好的社会环境。培养农民运动的积极分子娄昌明、娄以忠、娄世风、娄传台、王顶官(原名王乘补,兆岸人)、娄清仁、娄启虎、娄启表、娄世化、娄启英、娄启愤、娄文全、娄传宗、娄启荣、娄传武、娄清时、娄风楼等30多人加入了中国共产党。并将娄朗怀、方惠文、范希纯的组织关系转入上金。1927年4月,组建了中共上金支部,选举娄昌明为支部书记,率先在岔路上金建立起红色政权②。范金镳把上金作为西乡农民革命的联络站,上金人民的革命运动带动着西乡岔路、前童、桑洲、王爱及南乡各地的农民运动广泛深入地开展起来。

桑洲地处天台、三门、宁海三个县的交界处,是宁波出入台州的要塞,信息传递快捷,民间商品物资交流频繁。桑洲集市经久不衰,闻名于世,民众思想解放,富有革命传统。这里是宁海中学党员教师王育和的家乡。在改组县党部的同时,为了壮大农村党的队伍,中共宁海县支部把宁海中学党员作为"革命种子",进行培训后,回县内各乡村宣传民众,培养农民运动积极分子加入中国共产党。王育和是宁海中学党组织创建时发展的教师党员,他与桑洲小学党员教师范建功③组织农会,发展会员80余人,实施减租减息。宣传组织师生民众开展反帝反封建、支持北伐的革命活动。根据王惜耶的回忆,年仅7岁的他也举着小红旗与大人们一起走村串户、集队游行造势,高唱革命歌曲、高呼"打倒列强""铲除封建""支持北伐"等革命口号,民众的革命热情十分高涨,西南各乡革命运动搞得红红火火。同时接

---

① 柯,是宁海方言,有类似"抓"的含义。

② 当时召开秘密会议的地方除了上金祠堂,还有黄沙坝、勒马庙、后门山弯塘、水口庙、下溪柳蓬等。上金人民现在还保存着当年范金镳赠送给娄昌明、娄启虎的实物:马克思、恩格斯、孙中山与宋庆龄的照片,《新民主主义论》一本、《无产阶级唯物论》一本、手枪一支、大刀一把、三角皮带一条。

③ 范金镳的堂弟,县党支部指派他以教书做掩护开展党的工作。

受建党任务,得到中共上金支部的积极配合,又发展了李石英、杨善行、王乘前、叶新礼等16名党员。在范金镰的主持下以王育和、范建功为负责人的中共桑洲支部就建立起来了。随后,中共王爱支部也相继诞生。

组织南乡农民武装

蒋介石背信弃义,发动了"四一二"反革命政变,国共合作宣告破裂。随之"清党运动"全面展开,很快波及政治敏感地区台州、宁海。国民党省党部派夏钟澍来宁海担任县知事,4月17日临时县知事章广田交卸。出身于官僚家庭的夏钟澍,对革命的学生运动心怀不满。4月26日,夏钟澍以清党为名,结集劣绅金明清、黄政民、章桂、章恒等地痞流氓200余人再次袭击县党部、宁海中学,逮捕了中共宁海中学支部负责人蒋益谦、李平和宁海中学师生20余人,不少师生被打成重伤,行李物品遭洗劫,很多学生受审讯。未被抓住的范金镰、王育和、范圣中、娄朗怀等遭通缉。夏钟澍将县党部、宁海中学的负责人尽行撤换,宁海处在白色恐怖之中。

为了减少损失,上级党组织指示,党的活动转入地下,要求宁海中学党员暂时离散。遵照上级指示,蒋如琼去乡下隐蔽,林泽荣去广州大学继续学习。可范金镰认为,隐蔽不是积极的办法,西乡上金地处通向四明山脉的要塞,群众基础好;南乡海游离县城较远,交通不便但地理环境优越,又有着良好的群众基础;宁海的西南两乡是继续开展党的工作的好地方。他藐视当局,曾对同志们说"凭这帮饭桶是抓不住我范金镰的",决定带领几个党员往返于西乡与南乡,继续开展党的工作。

范金镰先到上金住了几天,给上金支部布置了许多工作。又到南乡与包定等同志一起,向群众宣讲两广建立农会的经验和湖南毛泽东、广东彭湃建立农民武装开展革命斗争的重大意义。在组织农会的基础上,动员南乡农民自备龙刀、长矛、土枪(鸟枪),成立农民自卫队。亲自讲述军事知

识,习武操练,站岗放哨,建立起农民武装。在开展政治宣传活动建立起农民武装的同时,实行减租减息。共产党员梅其彬带头废除不合理的田契,推动南乡各地废除不合理的契约,逮捕劣绅,斗争恶霸地主,一场土地革命运动轰轰烈烈地开展起来。农民武装队伍从几十人发展到千余人,直接威胁着地方政权。后被当地国民党右派出卖,台州宁海国民政府与警力、联防军相勾结,自卫队枪械被缴,自卫队被迫解散。范金镶在农民群众的掩护下脱险。面对拘捕通缉,范金镶觉得再在宁海蹲下去有困难,故约同夫人方惠文,先到宁波碰头,然后一同去上海寻找党组织。1927年5月6日,方惠文从宁海薛岙码头下船,而范金镶在上金党支部书记娄昌明的护送下,从三门海游前岙埠头下船,在宁波江北岸会合后,一道乘船到上海。由于蒋介石发动了"四一二"反革命政变,上海的共产党组织遭到严重破坏,一时联系不上,但他们获悉党中央于上月已从上海迁往武汉。他们又得知"四一二"期间,国民党右派在杭州发动政变,中共杭州地委为了保护宣中华,让他化装成货车列车长离杭州返沪,4月13日,宣中华不幸在龙华车站被特务识出而被捕,4月17日深夜,在上海龙华英勇就义。面对严峻的革命时势,范金镶决定,只身奔赴武汉去找党中央,叮嘱方惠文回宁海隐居乡下,与宁海党组织保持联系,继续开展党的工作。

这时,宁海当局对范金镶家进行了第二次查封,田地被没收,家中财物被洗劫一空,三合院小楼、车门及小屋都贴上封条。在抗争中,老父亲范圣烈被打伤,然后又被逐出家门,寄居在城关龙灯墙范金镶的大姐范仙云家。

受党中央派遣 去苏联留学

范金镶来到了党中央的身边。根据范金镶在北伐军中的不俗表现,1927年10月,组织上安排他在武汉警卫第二团担任党代表,担当起保卫中央机关的重任。1927年7月15日,汪精卫召集武汉国民党中央执行委员会会议,正式做出关于"分共"的决定,公开背叛了孙中山先生所倡导的国共合作政策和反帝反封建的纲领,国共两党合作发动的大革命宣告失败。帝国主义直接支持下的蒋介石,在全国建立了代表大地主大买办阶级利益的反革命政权,对共产党员和革命群众实行大屠杀,导致十年内战的全面开始。为了挽救革命,1927年8月1日,周恩来等人领导举行了南昌起义,向国民党反动派打响了第一枪。8月7日,党中央在汉口召开了紧急会议,纠正右倾机会主义路线的错误,选举了临时中央局,确定了开展土地革命和武装反抗国民党反动派的总方针。9月初,毛泽东领导了湖南秋收起义,随后上了井冈山。从此,中国革命进入了创建红军、进行土地革命的新时期。

当时,临时中央局要求在武汉的党的干部做出两种选择:要么先回上海等候、准备去莫斯科联邦共产党中国共产主义劳动大学留学,学习苏联取得革命胜利的先进经验,学成回国领导人民革命解放全中国;要么去江西参加革命队伍、开展武装斗争,建立革命根据地。在党中央征求大家的意见时,一同去武汉的蒋如琮等选择了去江西参加武装斗争,而范金镳则认为自己先前研读法律政治、进修过俄语与英语,对马列主义与苏联十月革命有过比较深入的探讨,具有去莫斯科留学的资质,决定去苏联。而其中另一个重要原因是,汪精卫的倒行逆施,引起范金镳的强烈不满,"范大炮"竟当众怒斥汪精卫是"杀人不眨眼的刽子手""中华民族的败类",惹怒了汪精卫,导致双方警卫团士兵对峙、剑拔弩张。为了避免可能产生的严重后果,党中央决定先让范金镳与李平、王宏源、秦龙、陈伯达等一同去苏联。

经中共中央组织部向警予的介绍,范金镳认识了帅孟奇。1927年11月,党中央决定由帅孟奇为领队,帅孟奇、范金镳、韩铁生等一起去苏联。到上海时,两个联络点遭到破坏。联系苏联驻沪领事馆时才得知,范金镳他们是共产党人,共产党人不能由领事馆发护照光明正大地走,要秘密地去。后在陈大邦的帮助下,通过另一个渠道——从上海乘货船,经漫长的海上航行抵达符拉迪沃斯托克(海参崴),再转乘汽车、火车行程几万里抵达苏联首都莫斯科。

1927—1956 年

反对王明路线　被捕入狱

　　1927 年 11 月底,范金镳、帅孟奇、韩铁生等来到了莫斯科,进入联邦共产党中国共产主义劳动大学深造。范金镳从国内的革命战场,转到共产国际谋求人类解放的马列主义理论课堂。他暗下决心,首先要学好俄文、强化与苏联同志进行口语交流,切实掌握世界上第一个社会主义国家获得革命成功的第一手资料和建立社会主义国家的经验。当年,党中央派往苏联学习的党员,学习期间都要加入苏联联共党。范金镳也不例外,他取俄文名“佛列尔”,于 1928 年 7 月加入了苏联联共党,成为联共党的一名预备党员。求知心切的他,与老师同学一起研读《联共(布)党史》,并多次上门向作者请教。范金镳刻苦学习的态度与理论联系实际的作风,受到联邦共产党中国共产主义劳动大学教授、《联共(布)党史》的主编依-雅乐尔斯维基及其夫人凯维斯诺娃(中山大学教育长)的一致赞赏。范金镳结识了这两位马列主义理论家,日后与两位深入研究国际共产主义运动中共同关心的问题,包括如何用马列思想唤起各国劳苦大众、组建人民军队、开展武装斗争、夺取政权、解救亿万受压迫的人民,对中国革命相关的方方面面进行了广泛的探讨,并在诸多方面形成共同的战略构想。一段时间以后,范金镳与这两位马列主义理论家建立起深厚的无产阶级革命情谊。范金镳一口流利的俄语、渊博的学识、特殊的宣传演讲才能受到联邦共产党中国共产主义劳动大学(以下简称劳动大学)师生赞赏。他实事求是、光明正大,有着惊人的胆魄与超强的组织能力被劳动大学师生所公认。劳动大学一、二年级学生党员人数少,两个年级建立了一个党支部,而三年级党员人数多,也建立了一个支部。不久,范金镳被同学们推选为“KYTK”(联邦共产党中国共产主义劳动大学)学生三人"最高委员会"书记。该组织的任务是对抗官僚主义与右倾主义,因为整个学校已经往右发展了,他们要拨乱反正。范金镳认为:"托洛茨基坚持的就是列宁主义,他是一个真正的列宁主义者。而党目前的路线在我看来不是完全正确的。例如,共产国际在武汉时执行的政治政策就是不正确的。真正的列宁主义者会认为,必须要在武汉建立苏维埃。而武汉的共产国际却不同意那样做,甚至破坏了中国革命。托洛茨基对中国革命的大部分看法我是认可的,但他对中国革命性质的定义我持怀疑态度。"范金镳坚信马列主义,而与当时联共党内以斯大林为代表的主流思想相抵触。有人就指责范金镳党性不纯,是个托洛茨基分子,并开除其联共党党籍。为了证明党性的纯洁,范金镳发表了"致委员会的声明——本人党性纯洁"。

在一次指控范金镳(佛列尔)坚持托洛茨基主义、反对共产主义委员会的会议上,范金镳据理反驳:"克扣面包难道不是地主富农的过错吗?就因为如此,我便被指控为托洛茨基分子,以及遭到训斥,训斥我言语粗鲁。我的兄弟很早就过世了。我没有在133-X号文件上签字。在大学里的斗争中,我站在了正确的政治路线一边。我的错误仅在于,指责委员会在实践中有着机会主义倾向。布哈林对新经济政策的诠释存在着错误——他认为必须要联合富农。我加入党是因为家庭非常贫困,破产了,我走投无路了。我一边寻找造成这种困境的原因,最终我得出结论,那就是加入共产党,它可以解决社会矛盾,发展前景无限。我不知道托洛茨基分子名单,也不知道他们的领头人是谁。我只是不满党委员会没有把好同志紧密地团结在自己周围,而是混进了不少不需要的人,没有组织好工人的学习与工作。"

苏联首都莫斯科是国际共产主义(世界革命)运动的中心、共产国际的所在地,各国共产党在莫斯科都设有办事机构,苏维埃布尔什维克党的最高领导人斯大林被称为"国际共产主义运动的统帅"。苏联共产党为了纪念孙中山先生、为中国革命培养人才,早在国共合作时期(1925年10月)就在莫斯科专门开设了一所大学——莫斯科中山大学。后来,莫斯科中山大

学为了尽快地在中国学生中培养骨干、挑选一批俄语底子较好、能直接用俄语对话的学生组成一个"速成班"。因此,把许多在莫斯科中国共产主义劳动大学的学生转移到莫斯科中山大学去,其中有范金镳、俞秀松、董亦湘、刘少文、李培芝等共产党员,还有刚刚入团的王明。速成班设置四门课程,每门都有专门的指导老师,其中"马列主义课"的指导老师是东方部主任、劳动大学副校长米夫(苏联人)。在莫斯科中山大学的中国共产党人中只有王明等少数几个人追随米夫、吹捧米夫,认为米夫说的都是"马列主义",都是"正确的"。

1927年"四一二""七一五"反革命政变后,国内处于白色恐怖之中。为了安全起见,在共产国际的帮助下,1928年6月18日至7月11日,代表全国4万多党员的中国共产党第六次代表大会,在莫斯科近郊兹维尼果罗德镇的塞列布若耶乡间别墅召开。会前,斯大林召集大会主要负责人瞿秋白、向忠发、苏兆征、周恩来、李立三等谈话,着重谈及两个问题:一是定调中国革命是资产阶级民主革命,不是社会主义革命,并以俄国的二月革命为例加以说明;二是指出中国革命处在两个高潮之间的低潮。斯大林并指派共产国际负责人布哈林与米夫参与中国共产党第六次代表大会,通过布哈林与米夫把上述观点强加给中国共产党第六次代表大会。大会批判了右倾投降主义与"左倾"冒险主义的错误路线。参与并指导过中共六大的米夫则更加狂妄自大,总是以百分之百的马列主义理论家自居。王明伙同米夫对中国革命不切实际地说三道四,硬要推行苏联的依靠工人先攻下大城市、夺取政权建立苏维埃的经验,诋毁农民在中国革命中的主力军作用及农村包围城市的中国革命路线,对中国共产党的领导人妄加评论。这引起劳动大学、中山大学许多学生的强烈不满。作为学生支部负责人的俞秀松还专门找王明谈话,谁料到竟和心胸狭窄的王明结下了很深的冤仇。王明勾结米夫在劳动大学习进行宗派活动,伺机制造谣言寻衅打击异己。竟说劳动大学有一个由俞秀松、董亦湘、周达文、范金镳等人组织的"江浙同乡会"小组织,进行着不轨的活动。由米夫操纵的支部局和苏联的格柏乌认定"江浙同乡会"是"反党小组织","他们与蒋介石有勾结,受蒋介石的经济帮助,还听说与日本领事馆有勾结",因此,必须"消灭其组织"。有人甚至威胁要枪毙一些人。事后便有学生被捕、被开除。王明等人制造"江浙同乡会"事件,捏造事实,加害于人,引起劳动大学、中山大学学生的义愤。范金镳等江浙学生纷纷向中共中央和中共代表团反映情况。瞿秋白在听取学生意见后,派邓中夏、余飞去劳动大学调查,米夫和由他操纵的支部局,居然不许中共代表团过问学校的事。中共代表团前往格柏乌机关查阅材料,也遭拒绝。1928年8月15日,中共代表团写信给联共中央政治局发表对处理"江浙同乡会"的不同意见。同时,瞿秋白写信报告给中共中央,劳动大学存在"江浙同乡会"的说法证据不足。由于中山大学部分学生的强烈不满和中共代表团的不同意见,共产国际监察委员会、联共(布)中央监察委员会和中共代表团联合组成审查委员会,共同审理"江浙同乡会"案。周恩来参加了这一工作,他的祖籍在浙江绍兴,知道浙江人的风土人情,认为相互之间讲道德、讲情义、关系密切一些未尝不可,不能给他们无限上纲、戴帽子。经审查,由联共(布)中央监察委员会和中共代表团共同发布《告中国同志书》,做出了"江浙同乡会"组织并不存在的结论。至此,这场风波暂时得到平息。而在1932年10月,却把资格比王明老的俞秀松等人发配去远东伯力"工作"。

随着国际共产主义运动的发展,支部局内引发的思想路线上的分歧也越来越大。王明死背马列教条,一再吹嘘他的理论才是马列真谛,要把在苏联的所有中共党员的思想统一到他的思想上。他们生搬硬套苏联的革命经验,认为中国也应同苏联一样,推行全盘集体化和消灭富农的政策,竭力贬低农民在中国革命中的作用,甚至说广东、广西与湖南、湖北的农民运动是"堕农运动""痞子运动"。在范金镳看来,这与孙中山先生的三大政策相对抗、与毛泽东的《湖南农民运动考察报告》的革命思想相对立、与适合中国国情的以农村包围城市的战略思想针锋相对。对于"农民运动"这一议题,在劳动大学时,范金镳就和联共两位资深的马列主义理论家探讨过,

中国是农业大国,与苏联的国情不同,学习马列不能照抄别人的答卷,中国革命不能生搬硬套苏联的经验。这次范金镳又联系上依-雅乐尔斯维基夫妇,在深入研讨中,范金镳的主张得到两位马列主义理论家的赞同与支持。为了捍卫马列主义,为了不让立场不够坚定的同志被王明路线同化,为了挽救同志,减少革命的损失,搞过农民运动的范金镳以自己的亲身经历几度慷慨陈词。"范大炮"开始展示他的马列理论功底和精彩的演讲水平。他每一次阐述观点都会得到一批同学的认同,一段时间下来,中山大学多数人都认同他的观点。中山大学以范金镳为代表的这一批人被称作"中国的布尔什维克——列宁派"。共产国际调查发现,留苏的多数中国学生都认同他们。

这一情形激怒了王明、米夫以及斯大林,他们认为倘若如此发展下去,就会削弱斯大林对中国共产党与中国革命的影响力,甚至指挥不了中国革命,会动摇斯大林的共产国际统帅地位。斯大林承认办学失败,1930年宣布停办中山大学,并对持不同政见者、反对过支部局的人进行严厉打击。由于留苏的中国学生党员的党籍都被转入联共党,斯大林有权以清党为名,排斥异己,在党内狠狠打击托洛茨基等持不同政见者的同时,把中山大学的中国学生也当作托洛茨基分子一样进行打击。王明以己划线、借机进行打击报复。根据陆定一同志的回忆:"凡是'反对支部局'的,除了少数几个工人出身的党员以外,都分别受到开除党籍、开除团籍、开除学籍、送到西伯利亚服苦役的处分。"他们对中山大学学生的具体处理办法是:受中山大学思潮影响较深,表面上与斯大林观点较接近的多数人,被遣送回中国,少数转入其他学校继续读书或到别处工作。属于持不同政见者,严加拷问,有些人服了,彻底坦白后开除学籍党籍、短期服刑、刑满后立即送回国内;又有一些人,虽表面悔改,不知内心有没有真正转变,怕回国后会增强国内持不同政见者的力量,所以不准回国,将他们开除学籍党籍后遣送到苏联边远地区去做苦工;坚决不认同他们的思想观点的,被开除学籍党籍后,长期幽禁在西伯利亚监狱里,在极其恶劣的自然环境中挖煤做苦工,即使越狱也逃不出去,让你累死、冻死、饿死在荒野上。据入狱数年后被释放的南斯拉夫出席共产国际代表安东·西里喀的回忆,"西伯利亚一个监狱里,这些黄脸皮(指中国人)的共产主义者所受的苦难比白种人囚犯要惨得多。在200多个中国人中,只有不到10人因彻底坦白改变了思想,才被他们遣送回中国。还有2人从西伯利亚监狱逃出,偷越国境成功,其余的后来下落不明,要么死在斯大林的监狱中,要么丧命在格柏乌的排枪下,这些人不可能回到中国"。对范金镳这一层面的人,坚信马列,观点鲜明,又是态度强硬的学生头领,流放西伯利亚监狱,他们认为未免太轻。1930年9月13日,苏联内务部决定,并依据俄罗斯联邦刑事法典第58章第10条"反革命宣传或传播"罪判刑,范金镳被押送到塞拉夫基岛监狱服役5年。

塞拉夫基岛监狱位于北极圈,太阳光斜射,昼夜难分,四季难辨,气候寒冷,一片常年积雪的冻土地,生活环境恶劣,这里曾经是沙皇政府关押重犯要犯的地方。十月革命胜利后,被苏维埃政府"肃反委员会"接管,投入资金、增加设施、开设工厂矿业,成了关押战犯、国内外阶级敌人、清党时查获的与斯大林观点不一的托派异己、政治军事各类重犯的大牢。范金镳等一批人先是做重体力的搬运工,每天装卸从远方运来的几个车皮的建筑材料与笨重的货物。当时为了控制欧洲,让北海舰队能直接从白海进入波罗的海,从北冰洋进入大西洋,斯大林命令在白海与波罗的海之间开凿一条大运河,实施他的所谓"伟大的共产主义建设工程",调动了几百万人在冰天雪地里昼夜不停地挖掘。塞拉夫基岛监狱的罪犯都被押解到那里服役进行高强度的劳动,监工的是那些穿着皮靴、戴着皮帽手套、手持皮鞭的狱警。劳工稍有怠慢就挨鞭子抽打。范金镳善于做人的思想工作,得知狱警们都出生在社会的底层,是苏联十月革

范金镳(摄于1931年)

命后才翻身得解放的,于是就滔滔不绝地向他们宣讲马列主义,用马列主义改造他们,化解他们与"罪犯"(劳工)之间的矛盾。此后,团队中的"罪犯"与狱警间的关系得到改善,变对立为融洽,在冰天雪地极端恶劣的环境下和平共处。工地上,食品供应欠缺,有时连黑面包都吃不上,受冻挨饿,每天都有数以百计的人死去,其中冻死的占多数。在那常年只有一个月无霜期的地方,人死后没过几个小时,冻成的僵尸就如同一段木头、一只水泥桩。没有棺材与墓地,僵尸像柴片一样被露天叠放在离工地不远的旷野上。仅中国劳工就有上万名累死、病死、饿死、冻死在开凿大运河的工地上。根据史料记载,当年斯大林用25万劳改犯的生命完成了开凿白海至波罗的海运河工程。这条运河当时被称为"白骨与鲜血运河"。幸运的是,范金镳的生命没有被死神夺走,但他患上了严重的胃病,冻坏了肢体,一副硬朗的身子被彻底搞垮了。

仅仅是由于与浙江老乡的关系密切、江浙同乡的政治观点一致,就被王明、米夫一伙指控为在组织"江浙同乡会"搞反革命活动;因为对马列主义、对国际共产主义运动的理解不同、对中国革命走的道路看法不一,在整党时被斯大林当成"托洛茨基派(分子)",作为"阶级敌人"坐牢服役。范金镳遭受了精神上的沉重打击、肉体上的严重摧残。但他心里明白,历史将会澄清是非。是坚定的革命信念、坚强的精神力量支撑着他,不知是否减过刑,5年的牢役,仅服役3年,他就出狱了。

相聚莫斯科　赤子出世　潜心研究马列

1933年,范金镳提前出狱。苏联政府有个规定:首都莫斯科是一座政治城市,政治罪犯不准在市内居住。因此,范金镳被安置在莫斯科郊外。不久被与他交情很深的苏联朋友依-雅乐尔斯维基发现了。依-雅乐尔斯维基是一个很有个性的人,在范金镳判刑之前就与斯大林当面交涉过,这次他再也忍受不住了,竟跑到内务部甚至直谏斯大林:"范金镳是中国共产党派的留苏学生,他与王明等人只是对处理自己中国的问题上观点不同、方法不一,你就把一个中国同志当作国际政治重犯抓起来,判刑服役已经太过火了,如今又把他挡在郊外,让他住在条件极差的地方,这不是对待一个国际共产党人的态度。"这次斯大林总算卖了依-雅乐尔斯维基一点面子。内务部同意范金镳搬到莫斯科市内定居,还安排他进入汽车与拖拉机电气设备制造厂331车间当上了一名钳工。范金镳回到了莫斯科,获得了"人身自由",进入国营电气设备制造厂工作,成了"工人阶级"的一员。于是他排除干扰,首先会见依-雅乐尔斯维基等苏联朋友、国际友人、劳动大学和中山大学的同志们,并与他们保持联系。他心灵手巧,篆刻印章是学生时代的拿手好戏,待僵硬的手足恢复了功能后,他便在工厂里发挥了他的聪明才智、施展了他的动手技能。两年中,他为设备制造厂搞出了几项技术革新及几个小发明,获得"革新能手"等光荣称号,受到厂方的嘉奖。他因在"社会主义建设事业中"的不俗表现,在工人阶级队伍中留有好印象,所以政治身份与社会地位也得到相应的提升。在电气设备制造厂工作的日子里,范金镳的生活过得有板有眼。为了告慰家人,证明自己还活着,他曾给夫人方惠文与范家村的范圣中等写过几封信。他省吃俭用,曾于1933年春托人给他的父亲带去了10元钱[①]。

　　1935年,范金镳的夫人方惠文得到党组织和共产国际红色救济会的帮助,带着11岁的女儿范素昭(又名方容馨),从上海乘船经半个多月的海上航行,到达海参崴,又坐汽车、火车,经10多天的颠簸,来到了莫斯科。驻莫斯科的共产国际中国部负责人为方惠文母女的到来召开了专题欢迎会。得知方惠文是一位中共党员,刚在国民党监狱中坐过三年多牢。在那个年代,能有这么一位女性带着年少的女儿万里迢迢、历尽艰辛来到莫斯科,大家都为她的英勇顽强所感动,一致认为方惠文是一位了不起的中华女性。与会同志也为范金镳与方惠文母女团聚在莫斯科感到由衷的高兴。国际

----

① 这是范金镳生平第一次给家里寄钱,也是最后一次。

红色救济会马上安排她到红军3583医院做后勤工作。方惠文是一位优秀的中国共产党党员、坚强的共产国际战士,因此,范金镳也沾了夫人不少的光,竟被允许从居住条件不太好的职工宿舍,搬迁到条件较好的国际红色救济会宿舍居住,一家三口生活在一起。女儿进入共产国际红色救济会承办的侨民子弟学校——伊万诺沃国际儿童院读书。自此,范金镳一家三口总算过上了比较平稳的生活。

方惠文与范金镳1935年6月1日相聚于莫斯科

1936年6月26日,他们的儿子范赤子出世,给他们带来了人生的无限乐趣,鼓起了范金镳克服困难战胜疾病的勇气和信心。

看书读报是范金镳的唯一爱好,碰到有好的书籍他都设法买到,手头无钱购书时,就到厂里阅览室、社会的图书馆去,除工作外所有时间都浸泡在书海中。他的床头边始终放着《资本论》与《列宁全集》等马列原著。潜心研究马列,联系世界革命实际,咬文嚼字研读,许多篇目都有圈有点、用中文俄文批注。他关注中国人民的解放事业,充分肯定中国共产党领导下的人民革命取得的伟大胜利。这一切都是中国共产党运用马列原理取得的伟大成果,是马列主义理论与中国的具体实际相结合的成功范例。这就进一步验证了马列主义的理论客观科学性。学习马列让范金镳受益匪浅,他从马列著作中吸取精神营养,找到了答案。对照马列原理检点自己所持的观点和所作所为都是正确的。他坚信马列、对中国共产党领导的中国革命充满着必胜信心。

二次入狱　一家人相聚于沃尔库塔

1936—1938年,联共当局遵循斯大林"党内还有着日、德和托派奸细"的指示,把肃反的主要精力集中在党内。一段时间下来,联共党内杀了近百万"阶级敌人",大肃反运动已经到了不可收拾的地步。而后扩大到党外,也有数百万无辜百姓被屠戮,再扩大化就是各国侨民了。而首当其冲的是曾在劳动大学、中山大学时被怀疑为"江浙同乡会反党小集团",反对过支部局,被疑为"托派"的俞秀松、董亦湘、周达文等一批中国人。联系1929年的肃反与清党,范金镳等人再也逃脱不了这一厄运。伊万纳夫国际儿童院距莫斯科300多公里,是共产国际、国际红色救济会专门为各国共产党的领导干部、专家、学者开设的一所子弟学校。当时中国老一辈党的领导人毛泽东、刘少奇、朱德、李富春及杰出的新闻工作者邹韬奋等人的子女毛岸英、李特特、邹家华等都在这里学习生活过。所以每逢重大节假日,在苏联的家长们都要到儿童院去看望自己的子女。1937年元旦,范金镳约同中国、苏联、日本、波兰、保加利亚、南斯拉夫、阿尔巴尼亚、罗马尼亚等国际友人一同前往。列车上大家谈笑风生,但有警觉的人会发现这趟列车与以往的不同,总有几个陌生人始终盯着他们。果然,在当晚见不到范金镳等一帮人回来——失踪了。从同去的苏联同志那里了解到,回来的列车上有人说他们坐错了位置,双方争了几句,车上警察叫他们去前面车厢,一去就不见他们回来。后来才知道这是借口,范金镳等一批人被内务部的便衣带走了(此时范赤子出生才6个月)。

范金镳一去竟杳无音信,多方打听无着落。方惠文想到老布尔什维克

范 金 镰

依－雅乐尔斯维基曾帮过他很多忙，朋友提示若能得到依－雅乐尔斯维基的帮助，就还有找到和要回范金镰的可能。于是方惠文决定登门拜访。以中国共产党党员的浩然正气，方惠文一席话深深地打动了富有正义感的依－雅乐尔斯维基与他的夫人凯维斯诺娃。夫妇俩钦佩方惠文刚强的意志与惊人的胆魄，当即表态再去试试。可这次却遭到了斯大林的断然拒绝。但依－雅乐尔斯维基获悉，重犯和要犯都被关押在距莫斯科三四千公里外的沃尔库塔集中营。

　　半年后，伊万诺沃国际儿童院公示：凡是罪犯的子女不能待在国际儿童院里，要送内务部处理。经共产国际同志与儿童院交涉，儿童院同意将范素昭留下，但是，内务部则认为方惠文本人虽然是革命的，但她毕竟是范金镰的夫人，是反革命的家属，不但不允许范素昭留在国际儿童院，也不能让方惠文在莫斯科这座政治城市住下去。随后就将方惠文母子三人遣送到离莫斯科101公里的一个小镇上居住。1939年9月第二次世界大战爆发，苏联境内几个大中城市成了法西斯攻击的目标。苏联政府做出"安全大转移"的决定，把军工企业与

范素昭、方惠文、范赤子
（摄于1938年）

重要的民用企业都转移到大后方。方惠文领着女儿范素昭与儿子范赤子，南北大跨度地迁徙，被搬迁到靠近乌克兰的库尔斯克城居住。为求生计，母女俩进入一家军工缝纫厂做工。一家三口又从库尔斯克迁徙到乌兹别克斯坦的安奇涅亚。

　　范金镰1937年元旦被抓走，当时刚出生才6个月的范赤子，如今已进

入安奇涅亚的一所小学读书了。方惠文多方打听却始终得不到范金镳的确凿信息,可社会上真真假假的传闻不断。一天,从一位中国东北进入苏联的华侨说,沃尔库塔市内住着她的好几家亲戚①。苏联政府为了减轻负担,将这批人遣送到苏联环境最恶劣的沃尔库塔干苦活,让他们自食其力。沃尔库塔市内有无数个集中营,关押着国内外几十万罪犯,其中有不少政治犯是中国南方人。联想起老布尔什维克依-雅乐尔斯维基的提示:"多数重犯要犯被关押在距莫斯科3000多公里外的沃尔库塔集中营中。"后经多方了解才得到证实。方惠文锁定范金镳就被关押在沃尔库塔市内其中一个集中营。于是她变卖家中所有值钱的财物,筹措盘缠,添置御寒衣物,收拾行李,领着儿女奔赴距安奇涅亚7000多公里外的沃尔库塔市,寻找丈夫范金镳。经过三天四夜的火车,母子三人到达了沃尔库塔市,凭着东北老乡的"介绍信"与东北老乡的亲戚接上了头,并在这位老乡的亲戚家附近的客栈住了下来。

沃尔库塔市靠近北极圈,地上常年积雪,一年中只有一个月的无霜期,是个荒无人烟的地方。由于地下蕴藏着大量的优质煤,十月革命胜利后,斯大林将大批战俘、罪犯与社会主义建设中的"阶级敌人""异己分子""日德和托派奸细""国际国内各类政治军事罪犯"几十万人关押在这里,修通铁路、修建了几个大煤矿,强迫这几十万人挖煤。加上煤矿工程技术管理人员、驻军、保安部队、后勤人员及家属,各种配套设施(煤水电、商场、机关、学校、医院、奶牛场等)建成,就成了居住着近百万人口的一个世界著名的公安城。后来大批的人被抓捕入狱,一批批刑满出役,但是进来的多出去的少,一批批交替,就变成了一百多万人口的大城市。范金镳、马英、鲁也参、潘素文、季达才、万志凌、林登义(物理学家)、李大胡子和日本、波兰、保加利亚、南斯拉夫、阿尔巴尼亚、罗马尼亚等一大批来自世界各国的共产党人、高级军事技术人员被内务部便衣抓来。沃尔库塔市内的集中营戒备森严,高高的围墙、层层铁丝网、城堡上架着机枪、枪口对准

---

① 这几位亲戚是日本军侵占中国,东三省沦陷后涌入苏联境内的难民。

范 金 镳

出入要道、道道、岗哨、狱警10人一列,间隔几十米,昼夜不停地巡逻着。全封闭、信息不通,与外界社会几乎隔绝。几个集中营中关押的都是刑期在20年以上的重犯要犯、战争中俘获的科技人员,内务部对他们监管得特别严。而重犯减刑或服刑期满者只能从集中营转到沃尔库塔市内定居。凡是被判过刑的,未经内务部许可,永远出不了沃尔库塔市,死也要死在这里。出入沃尔库塔市要接受严格的检查,要想进入集中营也非常困难。

范金镳等一批人被强制在井下挖煤,不分昼夜高强度地劳作着。列宁格勒等许多大城市的用煤都来自沃尔库塔。随着第二次世界大战的暴发,用煤的需求量不断增加,对矿工的监管力度也不断增强。监工更不把范金镳等当作人看待,稍有怠慢就挨鞭子抽打。若被内务部特工抓住把柄,小则什么刑罚都用上,大则丢命。当局草菅人命,滥杀无辜。季达才①受过多种酷刑,被打得遍体鳞伤。眼看一个个无辜的难友被活活地折磨死去,难友们肉体上遭摧残、精神上受打击,挣扎在死亡线上。范金镳吸取以往的教训、劝慰大家,好汉不吃眼前亏,要讲究斗争策略,尽量避免与他们正面冲突。受委屈时,只能用汉语骂他几句出出冤气。大家情同手足,非常团结,都愿为难友摆脱羁绊,尽早离开这个地方创造条件。

在恶劣的环境下天天下井挖煤,范金镳旧病复发,又添新伤,多次昏倒在矿井下,几度送监狱医院抢救。经一段时间治疗,也未见好转。根据范金镳的身体状况,医院出具"不适宜下井挖煤"的检查报告。日后,经难友们呼吁,当局总算把范金镳从暗无天日的地下调到地面上的食堂里烧灶(当炊事员)。从此,范金镳的生活有了较大改观。在食堂里工作,接触的人自然多了起来,吃一堑而长一智的范金镳,办事比以前更谨慎策略与老到,能通过深入细致的思想工作来缓解难友们与管理人员的一些矛盾。

1939年年初的一天,俞秀松、董亦湘等突然接到通知,离开了沃尔库

① 中共党员,浙江省总工会原主席。

塔市集中营。"1939年2月21日,被苏联最高法院军事法庭根据《俄罗斯苏维埃社会主义共和国联邦刑法》第58条第6款、第8款、第11款判处刑事,处以极刑——枪决,没收财产,在莫斯科市郊执行。"时隔52年后,1991年10月18日,俄罗斯联邦颁布的《关于给予在政治大清洗中受害者平反法》,经我驻俄罗斯使馆人员坚持不懈的努力,最终查明俞秀松等人被枪杀在莫斯科郊外的顿河坟地,所有的所谓政治犯集体枪杀火化后葬在一起。苏联解体后,这里立了一块碑,上面用俄文书写着:"这里埋葬着1930—1942年间无辜蒙难者及受政治迫害而枪决的牺牲者的遗骨。"

1939年年初,内务部宣布对万志凌、潘树人等一批人减刑转入沃尔库塔市定居的决定①。一日,早些日子从集中营减刑出去的那位四川姓杨的难友,特地赶来告诉范金镳:"方惠文母子三人寻找 FOREL A M(范金镳的俄文名)找到沃尔库塔来了。"范金镳被这突如其来的消息惊呆了,这不是在做梦吧? 在过去的七八年间失去了联系,她们母子三人这些年是怎样过来的? 仔细询问后,范金镳设计了一套精巧的会见方案,由杨姓难友转告方惠文,知照执行。再三叮嘱绝对不能暴露自己的身份,吩咐好该讲哪些话不该讲哪些话,安排好约见时间与行走路线。这边,范金镳收买内务部下属分管头头与有关管理人员。一天上午,方惠文母子三人戴着黑纱装扮成东北人亲属的样子,来到范金镳所在的集中营。方惠文先用汉语讲了几句,看守听不懂,又用僵硬的俄语比画着说明要去看望亲属的坟墓,看守才明白了他们的来意。范金镳装作与方惠文母子三人不认识,迎了上去,对着管理人员自告奋勇,愿意为"东北老乡"当翻译、做向导,以祭扫东北亲属坟墓为幌子进入坟区才赢来了一家人的一刻团聚。

---

① 万志凌、潘树人被提前释放转入沃尔库塔市,乘管理防备疏漏,逃出沃尔库塔,历时半个月逃到中苏边境,在接近新疆中苏边境时被苏联当局抓住,又被送回沃尔库塔关押在另一集中营中,"罪上加罪",受尽折磨、生死未卜。

　　找到范金镳后,母子三人就在沃尔库塔市租间房子住了下来。方惠文与范素昭分别在奶牛场找一份工作,范赤子进入一所小学继续读书。由于范金镳收买了有关管理人员,所以日后亲人相见的机会就多了。

　　在过去的一年半时间里,集中营天天有人死去,时时有新的难友进来,也有不少难友被减刑转入沃尔库塔市定居。一天,管理当局宣布,范金镳服刑期满,出役转入沃尔库塔市定居。这样,一家人又可互相照料,生活在一起了。经一段时间的调养,范金镳的健康状况有所好转。管理当局将范金镳安排到奶牛场工作,当上了车间的管理员。因属于政治重犯,仍受内务部的监管,还得定时向管理当局写检查、汇报思想。

方惠文　范金镳
(摄于1945年)

　　1945年,世界人民反法西斯战争取得了伟大胜利。这一振奋人心的好消息,让几乎与世隔绝的沃尔库塔市顿时热闹起来,市民们为之欢欣鼓舞。正在住院治疗的范金镳听到日本人宣布无条件投降、中国人民抗战取得了胜利时,病重住院的他无法抑制内心的激动,叫夫人搀扶着走出病房拍了张照片。他叫赤子在照片的背面用俄文写上"胜利纪念"几个字,下面用歪歪斜斜的中文写上"妈妈和伯伯重病未好,

范素昭　冰光　于甦
(摄于1951年)

摄于1945年"字样,连同方惠文母子三人的合照一道托朋友带回国内,送到宁海范家,共同庆贺胜利,同时告诉父老乡亲他们仍活着。他们心系祖国,并坚信总有一天他们能回到祖国的怀抱。

欧洲人喜欢喝牛奶,为满足上层人的生活需求,苏联政府在常年积雪、无霜期只有一个月的沃尔库塔冻土地上,建起了几个大型室内牧场,饲养着数以万计的奶牛。天天有几个车皮的干草饲料从南方运来。牧场内的工作人员、管理小头目大多数都是战乱时迁徙到这里的各国各族侨民、大肃反中被抓来的"罪犯"(怀疑有罪或经审定无罪者)。在那里还有被无辜关押的中国共产党派往莫斯科劳动大学和中山大学学习的于甦、鲁也参、马英(王任成)等一批共产党员。日后,于甦当上了牧场的管理人员、部门的负责人。范素昭精明能干,被提拔为于甦管辖部门的会计,两位年轻的中国人年长日久感情越来越好,很自然地结为夫妻。范金镳夫妇为范素昭与于甦结为终身伴侣而兴奋不已。后来他们邀请来国内国际亲朋好友,为范素昭与于甦举办简朴欢乐的婚礼。从此,范金镳夫妇在社会生活和人际交往中又增加了不少内容。

范金镳政治上受迫害、精神上受打击,更由于气候环境恶劣,身体一直不好。而方惠文这位坚强的女性,在丈夫不在身边的七八年的时间里,养儿育女、闯荡江湖、辗转南北,付出了极大的艰辛,因劳累致伤被医疗部门定为三级残废,健康状况也令人担忧。在这段时间里,夫妇俩只得与药物打交道,更多的时间在病床上度过。但这几年能与这么多同胞、国际友人共渡难关,特别是能与家人生活在一起,有家人的陪伴与照料,范金镳感到无比的幸福。后来,外孙冰光在沃尔库塔市出世,为他带来人生的无限乐趣。范赤子懂事识理,有志气,学习成绩优异,也给家庭带来了希望。

五年的流放生涯　宣布无罪　申请回国

转眼间又过去了两年,国内外形势发生了巨大的变化。缓解社会矛盾医治战争创伤、重建美好家园等一系列问题摆在苏联政府面前。在解

范 金镳

决历史遗留问题时,斯大林却仿效沙皇流放列宁到西伯利亚的办法。1947年,内务部以开发矿藏为借口,美其名曰组成"地质勘探队",寻找矿藏建设社会主义苏维埃,其实质是将范金镳等一批人从冰天雪地的北极圈流放到荒无人烟的苏联南端,利用"严寒"与"酷暑"这两个极端天气,让他们经不起折腾而葬身于荒野。二话没说,方惠文与范赤子跟随着范金镳他们的地质勘探队,行程六七千公里抵达哈萨克斯坦的阿斯塔纳州,又在荒野上或坐汽车或步行,风雨兼程上百公里,抵达偏僻的尼克拉耶村落户。

阿斯塔纳一带地下矿藏丰富,土地广袤肥沃,属大陆性气候,夏季酷热,气温高达45℃,冬季气温特冷,通常在零下30℃~40℃,风雪特别大,冬季积雪高过房顶,房门只能向内开,但无霜期种植作物可获丰收。这里原来是个无人区,方圆百里找不到一个人。斯大林将车臣、高加索、乌克兰等地的居民强制移民到这里,建成了人口不足5万的省级市。地质勘探队所在处是一个地图上找不到的小村庄,居住着100多户苏联各族移民。地质勘探队配了一架两人座的小飞机,供勘探队负责人与技术人员使用,队员近200名,其中100多名是德国人。范金镳是中山大学反对王明、米夫的学生头头,曾骂斯大林是独裁主义者,这次来阿斯塔纳前又很活跃,内务部对他备以戒心。在这批流放的人中仅他一人是政治犯(其余的都属民族罪犯),队里安排范金镳做的是后勤管理工作。工作期间受苏联内务部的严格控制,开始时每周要写一份汇报材料,内务部还定期专门派人来督查。然而,范金镳每到一处总是以中国人高尚的道德品质待人,以马列哲理说服疏导人,与同事、上下级之间保持着十分融洽的关系,是大家公认的"自己人"。因此,上级来考核范金镳时,常能得到他们的"袒护",甚至还能讲几句对范金镳有利的话。范赤子与他的同伴去20里外的县城(有1万左右人口)中学读书。方惠文则留在家里养病、料理家务、种植庄稼。

事情的发展不出苏联内务部所料,在沃尔库塔的10年相当于生活在超低温的冰箱中,而到达阿斯塔纳,夏日的高温相当于把人放在烘箱里烤。这么大的反差,身体十分脆弱的范金镳,经受不起如此折腾。一个夏日下来,范金镳肢体开始瘫痪,精神变得麻木不仁,重重地病倒在床上。地质勘探队的负责人怕惹出人命,报告上级,经权威机构鉴定,将范金镳定为"一级残废"。从那时开始,苏联政府把范金镳当作"废人"对待,内务部对他的监管力度也降低下来。从原先每隔一星期向内务部汇报一次,到后来变成半个月、一个月,甚至汇报不汇报也无所谓。从此,范金镳承受的精神压力减轻了不少,夫妇俩面临的是健康状况的困扰与艰苦生活的煎熬。但与在北极圈相比,这里的气候条件、自然环境比那边还是好得多,四季总算分明,毕竟是坐了四天四夜火车,又经汽车颠簸才到达的地方。房前屋后多的是红土地,还能农作,完全可以自食其力,他们过着比较原始的生活。这期间,他们又结识了许多苏联各族的新朋友,并有着较深的交往,而经常给他们家送煤的那位村民,是原车臣共和国的总检察长,这些都给他们的生活带来便利和欢乐。

范金镳通过社会媒体洞察世界、了解国际风云的急剧变幻,提示难友们"黑暗即将过去,曙光就在前头",可见夫妻俩给女儿取名"红儿",儿子取名"赤子",两个外孙(不是外甥孙)与一个外孙女(不是外甥女)分别取名为"冰光""和平"和"忆华",名字的含义是不言而喻的。范金镳夫妇俩相濡以沫,互相鼓励要战胜病魔坚强地活下去。由于有坚强的精神支柱,随着酷暑的过去,他们的身体状况才略有好转。他们跟着地质勘探队频繁迁徙,足迹遍布苏联南疆各地,最后定居在泰勃尔铁路局职工宿舍里。

夫妇俩关心着国际时事政治,念念不忘伟大的祖国。当在报纸上看到1949年10月1日中华人民共和国成立的消息时,范金镳激动得三天三夜也睡不着。听家人说,语言有障碍的他,口里不停念着"共产党,毛泽东""毛泽东,共产党",与家乡人民分享着胜利的喜悦。他对着赤子与从6000公里外前来看望自己的女儿、女婿、外甥语重心长地说:"我们是炎黄子孙,是堂堂正正的中国人。如今共产党已打下江山,人民已翻身做主,我们一代人

的愿望已经实现。我们总有一天能回到自己的祖国去,建设祖国的重任要由你们来承担。"

1952年,最高苏维埃下达命令:"取消范文惠(范金镳)的一切罪状,完全恢复其公民的一切权利。"命令的下达,终结了这段冤屈史。被折磨得奄奄一息的范金镳百感交集,回眸来苏联这25年,沉浸在深深的思考中:当年为了寻求革命真理,实现共产主义远大理想,投身革命,加入了中国共产党。为了学习苏联的革命经验,告别父老妻女满怀信心来苏联。没想到在苏共"清党"与"肃反"中竟两度被捕入狱后又被流放。想不到政治斗争是那样残酷无情,不少朝夕相处的革命同志、共产党人、世界各国的民族精英含冤受屈惨死在异国他乡。南斯拉夫当时有100人来劳动大学学习,99人惨死在苏联,仅铁托一人活着逃回南斯拉夫。而我范金镳虽遭多次劫难,却总能死里逃生,现在还能与家人生活在一起,感到十分庆幸。

自从宣布无罪的那天起,夫妇俩想得最多的就是"回国"。此时,范金镳已半身不遂,说话含糊不清。几度进哈萨克斯坦医院(省级)治疗,未见明显好转,反而朝着不好的方向发展,家人曾多次接到医院的病危通知书。范金镳知道自己在世时间不长,一再对家人说:"我要回国去,我生不

左二:冰光;左三:范赤子;左四:马英;右前:范金镳

能尽忠,死了才能尽孝。小家在宁海范家,我要回家去。"他一面要求方惠文向国际红十字组织、中国驻苏机构和苏维埃政府等写报告,一次、两次,接连不断向苏联政府与中国驻苏机构提出回国申请;一面叫女儿、女婿从另一角度向有关机构写报告提出申请;与此同时,做好回国的一切准备工作。

家里做出规定,外出讲俄语,在家讲中国话,强化汉语训练。父母的教导让范赤子了解了祖国更多的历史文化。第二次世界大战中,人们看到原子弹的无穷威力,启迪范赤子去报考苏联最好的大学,学习高能物理,掌握高科技、学成回国效力。遵循父母意愿,范赤子取名 FOREL O M,只身去3000多公里外的苏联首都莫斯科,报考莫斯科大学物理工程系,由于身体的原因未被录取。改报专业后,被录取到机械制造与管理电气自动化方面的莫斯科科技大学。范赤子肩负着家庭的殷切期望,如饥似渴地学习科学文化知识。学习期间,除了得到家庭强烈的精神鼓励外,还得到范素昭夫妇经济上的全力支持。范赤子通过自身的努力,掌握了机械制造与管理电气自动化方面的高深技术,通俄、中、英三种语言,成为品学兼优的好学生、优秀的共产主义青年团团员。

一家人已做好回国的一切准备工作,期盼着回国通知的早日下达。坚定的革命信念与坚强的精神支柱支撑着范金镳脆弱的身躯,生命一年又一年奇迹般地延伸着。靠输液和吸氧来维持生命的范金镳焦急地期待着回国。

回归故土　营救难友

1955年2月上旬的一天,终于盼来了批准回国的通知。在国际红十字救济会和中国驻苏大使馆的帮助下,马上去办理好一切回国手续。2月15日,一家七口终于回到了阔别近30年的祖国。中共中央组织部马上安排他夫妇俩,去北戴河中央直属机关疗养院长期疗养。一个在异国他乡长期经受政治迫害、精神折磨、肉体摧残的人,回国后受到了党和人民无微不至的关怀,中央领导多次来嘘寒问暖,许许多多老同志经常来探望。如此高的礼遇,倍感祖国的伟大、党的伟大、人民大家庭的温暖,秉性刚强、从不流泪的他,眼眶长时间地湿润着。在疗养院,他时刻挂念着仍生

范 金 镰

活在水深火热之中的难友们。集中营中受侮辱遭虐待的一幕幕，季达才等惨遭杀害的一桩桩，不断地浮现在眼前。半身不遂的范金镰虽然语言有障碍、说话含糊不清，但竭尽全力讲出了在苏联几个地方曾与他相处过的所有难友的名字，叫方惠文、于甦一同回忆，尽快整理成文向党中央、向帅孟奇同志打报告。请求党中央尽快到沃尔库塔、西伯利亚等大牢中解救那些同志。"他们没有罪，是冤枉、无辜的，要尽快召他们回国。"时任中共中央组织部副部长的帅孟奇接信后，深受感动，她马上指示有关部门从速办理。历经几个月的运作，中央按名单先后召回潘树人、万志凌、林登义(物理学家)、马英(原抗日联军师政委)、鲁也参、李一凡等许多同志，还召回几个中科院院士和一批高级技术工作人员，以及名单上没有提到的许多人，这些同志回国后分别担任了国家机关部门负责人。得知难友们回到祖国怀抱，范金镰高兴极了。范金镰还向党中央提出要求，要把范赤子的学籍编入中国留苏学生名册，以便学成回国马上参加我国的社会主义建设。在生命的最后一段时间里，范金镰想的是党和国家、同志的安危，为党和国家利益尽自己的一份责任。是巨大的精神力量驱赶着病魔，经一段时间的疗养，范金镰的病情日趋稳定，体力也有所增强。同志们、家里人为之高兴。夫妇俩忧国忧民，竟考虑到新中国成立初期国家还不很富裕，不愿太多地接受党和国家给的高规格待遇，不愿在疗养院过

后排：方惠文　范赤子　范素昭
前排：和　平　冰　光　范金镰
（摄于1953年前苏联）

范素昭　范金镰　范赤子
（摄于1953年前苏联）

着那么舒适的生活,要把这两个位置让给比自己更需要的同志。他们产生了要回北京过普通人生活的思想,曾多次向组织上提出申请。组织上考虑到范金镳夫妇以往受了那么大的冤屈,吃过那么大的苦,如今病情又这么重,多次劝说予以挽留。几个月后,他俩又提出申请,执意要走。1956年夏,组织上才勉强同意他俩的请求,让他们回北京朝阳区和平里定居。

1956年8月23日,家人对范金镳说:"中央领导见你病有所好转,很高兴,打算陪你回家乡(范家)走一趟。"这一突如其来的好消息,语言有障碍的他喜出望外,顿时手舞足蹈起来。由于过分激动,他的心脑血管疾病突发,经全力抢救无效,于1956年8月26日不幸逝世,终年58岁,葬在北京八宝山革命烈士公墓。中共中央组织部为他立墓碑,时任中央组织部副部长帅孟奇,万志凌、林登义、潘树人、马英、鲁也参、张明养、娄舜音、韩铁声、朱家瑞等同志出席了追悼会,送了花圈。

范金镳襟怀坦荡、光明磊落、无私无畏、英勇顽强地履行了他为共产主义事业奋斗终生的诺言。

(胡家康)

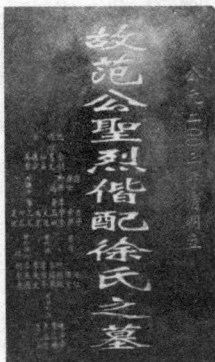

故范公圣烈偕配徐氏之墓(2003年清明立)

1957年,方惠文回宁海范家扫墓,在范金镳父母坟墓前合影(左起:娄格林 季雅平 董玉娥 季莲凤 季梅军 季大凤 季燕飞 方惠文 范美云 范仙云 陈明取)

回忆与研究

帅孟奇谈关于范文惠的情况

关于范文惠的情况

　　1927年，继"四一二"政变之后，又发生了"七一五"的蒋、汪合流。11月，组织上决定我和范文惠、韩铁生等去苏联，叫我担任组长。我们先由武汉到上海，因两个联络点被破坏，我最后去找苏联驻沪领事馆，我听不懂话，给他写了个"共"字，他得知我们是共产党后，找来个翻译，告诉我，要去苏联不能由领事馆发护照，要秘密去。后来找到陈大邦同志，才乘上货船由上海去苏联。在这以前，我不熟悉范文惠，是中共中央组织部向警予介绍给我的,知道他是党员。韩铁生是到苏联后才入党的。到苏联后我们被送入中国共产主义者劳动大学学习。

在"劳大"学习期间,我们因文化程度不同,不在一个班。当时学校里反对以王明为首的支部局的错误路线(当年的二十八个半),后来把范文惠抓起来,以后被送到西伯利亚去做苦力。1952年苏联宣布取消他的一切罪状,1955年回国,当时他已瘫痪不能说话了。

范文惠于1956年病死北京,中央组织部给他立了墓碑,葬在八宝山。

(注:县党史办胡根乾等同志去北京向帅孟奇同志了解范文惠的情况,1988年6月22日由帅孟奇同志口述、签章)

 **范　金　镰**

帅孟奇给宁海县委党史资料征集组的信

宁海县委党史资料征集组：

　　你们来函要了解范金镰（范文惠）同志的情况。范是1927年年底同我一道出发去苏联共产主义劳动大学学习的。到校后，我与他不同班，对他的具体情况不清楚，只知清党时他被怀疑为托派，后来大概送往工厂做工去了。据他爱人方惠文同志讲，范

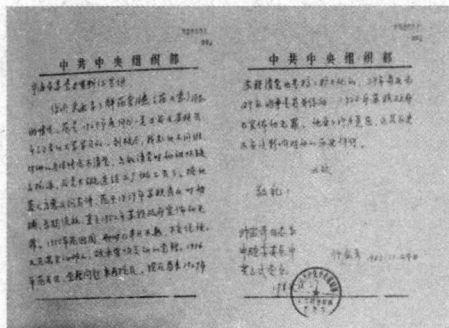

于1937年苏联肃反时被捕，长期流放，直至1952年苏联政府宣布他无罪。1955年范回国，那时已半身不遂，不会说话，又无其他证明人，故未曾恢复他的党籍。1956年范去世，党籍问题未再提及。现在看来1929年苏联清党也是搞了扩大化的，1937年肃反与1929年的事是有关系的，1952年苏联政府宣布他无罪。他受了许多冤屈，这段历史不应该影响对他的历史评价。

　　此致
敬礼

帅孟奇

1983.11.24

帅孟奇同志系中顾委委员　中共正式党员

1983.11.27

（中国共产党中央组织部调查递材料专用章）

范赤子的回忆

（一）回忆爸妈 寄语家乡

2006.8.15

我爸1956年8月26日病故于北京，至今已过去整整50年，我妈离开人世也有20多年了。我们两代人分别见证了两个不同的时代。他们经历的是中国共产党领导全国人民推翻三座大山，建立起中华人民共和国，向全世界宣告中国人民从此站起来了。我们所经历的是从一个贫穷落后的旧中国建成初步繁荣富强的社会主义新中国，中国人民富起来、国家强起来。不同时代赋予人们不同的历史使命，我爸我妈度过的是峥嵘的岁月，经历的是坎坷的生涯。

1936年6月，我出生在莫斯科。听我妈说，1937年元旦我爸去伊万诺沃国际儿童院看望我的姐姐，此去竟杳无音信。后来才知道，在回来的列车上被苏联特工带走，第二次关进了苏联监狱。由于我爸的缘故，我与我妈被驱逐出莫斯科，搬迁到距莫斯科101公里的地方居住。随着"二战"的爆发，我们三人跟随民众大部队撤离到大后方，然后在乌兹别克斯坦、乌克兰、哈萨克斯坦一带辗转。那时我年幼，什么也不懂，但有许多事情在我的记忆中留下了深刻的印象。记得当时我问妈他们为什么都叫我外国人。我妈告诉我："我们是中国人、家在中国，对他们来说中国是外国，所以叫我们是外国人。我们的小家在浙江宁海溪南范家村，那里气候温暖，四季分明，种植水稻，桃梅梨果什么水果都有，是江南的鱼米之乡。范家村的村前有一条大溪，常年水流不断，那里住着你的爷爷、姑妈及乡亲父老，宁海城里还有你外婆、外公、舅舅等亲戚，宁海这地方可好啦。现在我们是漂泊于海外的游子，你爸给你取的中文名字叫赤子就是这个意思。"我又问："宁海

地方这么好,爷爷、姑妈、外婆、外公、舅舅都在,我们为什么不住,偏要到这里来呢?"妈说:"中国派你爸来苏联,我们也跟过来了。"我又问:"那我爸现在在什么地方?"那时我妈只告诉我,你爸工作忙好几年没有回家了。

少时,我也较贪玩,与苏联小朋友时有争执,父亲不在身边的我经常受人欺侮。我总是惦念着爸爸,盼他早日到来。记得我上小学二年级的时候,我妈确准我爸被关押的地方,准备带着我与我姐去寻找。这时我妈才告诉我,在我出生仅6个月时,我爸被斯大林特工带走,关在沃尔库塔集中营中,至今已近八年了。我很天真,又问:为什么不抓别人的爸爸,偏要抓我的爸爸。妈说:"你年少不懂事,以后再告诉你吧。"一天,我们收拾好行李去沃尔库塔,火车自南向北行驶,人体觉得越坐越冷,几天几夜下来,到达沃尔库塔市,竟是寒风一片、雪白地面上盖着厚厚积雪的地方。路上我妈再三叮嘱,到那里不能随便说话,集中营中更不能乱说,要听妈的吩咐,叫你说你就说,我的姐姐也这么吩咐我。

沃尔库塔市持枪的警卫站着岗,我的姐姐对警卫说:"我们来自中国东北,到这里看望我的姐姐与姐夫(东北人)。"旁边走出两个便衣,给我们三人全身搜了一遍,还仔细检查了我们的行李。做了简单登记,由一个便衣带我们到公安局长那里,待仔细盘问登记后,他们打电话叫来那个"东北亲戚"当面认领。那位东北阿姨很和善,看到我们比一般的客人还亲切,不但认了我们,还马上带我们去她家。经一番介绍,讲明来因,那东北亲戚执意留我们在她家住下,并愿意协助我们办理相关事宜。几天中我们到处打听我爸的下落、寻找线索,一个上百万人口的大地方难度的确很大。说来也巧,从集中营转到沃尔库塔市定居的四川杨叔叔原来与我爸关押在一起,关系密切。通过他与我爸接上了头,并设计了会见方案。那边我爸买通了管理看守人员。一天,我们自称东北人,佩戴黑纱去祭扫亲属的坟墓。经过几道岗哨,见前面等候着一中年男子,姐姐认出是我爸,悄悄地对我说:"前面是咱爸爸。"我很激动,将妈再三叮嘱的话全忘了,把数天来姐姐教给我的汉语"爸爸"轻声喊了一下。我爸怕暴露身份,仅面无表情地点了点头,幸亏没有被警察发现(我很激动,又说了什么不该说的话,差点闯祸,被我聪明的姐姐解脱了)。后我爸向警察自荐做我们的向导,甩开警察带我们去找季达才叔叔的坟墓(尸骨),路上曾抱过我,噙着泪亲了亲我。一家四人相聚了一个多小时后,又依依不舍地分手了。

寻到了爸爸后,我们在沃尔库塔市租间房子定居了下来,我妈与我姐都在奶牛场找到了一份工作,我上市内的一所小学继续读书。

时间过去了一年半,爸服刑到期,转到沃尔库塔市与我们生活在一起,后来也被安排在奶牛场工作。但他不那么自由,受监管还要定期向内务部汇报做检查。我在沃尔库塔市读了两三年书,学习成绩不错,门门功课都得红五分,奖状很多。我很天真,不懂不明白的事什么都问,一会儿问爸一会儿问妈,可能他们见我日有长进、有点懂事,也能讲一些给我听。两年过后,我们随爸的地质勘探队到哈萨克斯坦(实际上是被流放),我进入中学读书,比以往成熟了不少,所以后来爸妈什么都能对我讲,说他属于布尔什维克——列宁派,是真正的马克思列宁主义者,两次坐牢是冤枉的,历史一定能为他澄清是非。但他再三吩咐我:"自己知道就行,不管在什么地方什么时候,绝对不能讲给别人听。"

自世界人民取得反法西斯战争伟大胜利以来,国际形势发生了根本性变化。接连不断给我们带来好消息,东欧的罗马尼亚、保加利亚、波兰等社会主义国家相继诞生,中国人民打败日本侵略者、打倒国民党反动派、解放了全中国,宣告中华人民共和国诞生。我爸虽没有获得人身自由,但出自一位职业革命家的心理,这些好消息总给他带来无限的喜悦,他总能在语言与行动上表演一番。他有时自言自语地唱起《国际歌》,有时不停地念着"共产党""毛泽东""共产党""毛泽东",有时摄影留念,以各种方式表达自己的情感。

1952年,最高苏维埃发布命令取消我爸的一切罪状,恢复其公民的所有权利,重病在身的他,没有特别高兴的表现,好像意料之中一样,带来的是无限的惆怅与悲哀。他很有感慨地说:"我总算仍活着,可我的好兄弟季达才他们死得太冤枉了,没能盼到人民当家作主的今天。"马上要我妈

与我姐姐同时写报告"申请回国"。他语重心长地对我们说："我们的事业在中国，我前期被监禁，现在身体彻底被搞垮了，无法直接参与革命，但我们一代人的愿望已经实现，建设我们美好国家的重任就落在你们的身上。我们范家村是个小农村，几千年的牛耕农作，下一代人再不能这样，要用机器，像苏联农庄里的铁牛，产量要翻番。生产工具的改进要靠知识。打下天下难，保卫天下更难。美国人在日本广岛长崎甩了两个原子弹导致战争提前结束。以后可能有比这个更厉害的武器。这些都来自知识，你必须要学好本领。只有富国强军才不会被人欺侮。"鼓励我读好书，掌握高深技术。要我报考苏联900多所大学中最好的大学，学成回国，报效祖国。遵照父母的意愿，我的胆子也蛮大，独自去三四千公里外的莫斯科报考。我看学习成绩是没有问题的，不知是身体上的原因，还是政治上的缘故，没有考上核物理、工程物理方面的大学，被录取在机械制造与管理电气自动化方面的学校（与国务院原总理李鹏同一个学校，他年级比我高，担任我们的学生会主席）。我爸说："没关系，关键在于有真才实学，有志者事竟成。我们中国有句古话叫作'三十六行行行出状元'，孩子争气点、努力吧！"上大学期间，我爸妈身体一直不好，我牵挂着他们，可他们都说能挺住，要我抓紧时间多学点知识与本领，我的姐姐与姐夫不断鼓励我、全力以赴支持我完成学业。

1955年2月，我们接到回国的通知。我们一家终于回到祖国的怀抱，中央领导在车站迎接了我们。中组部马上安排我爸我妈到北戴河中央直属机关疗养院长期疗养。刚住进疗养院，半身不遂的爸爸想的第一件事情是解救难友。叫我妈执笔写出与他相处过、受苦受难的所有战友的名字，立即报告中央，争取早日召难友们回国。他很负责任地说："共大、中山大学时，我在他们中享有比较高的威信，领导他们与王明、米夫一伙展开斗争。在沃尔库塔等监狱中我又成了他们的患难头头。我接受了前期硬打硬拼的沉痛教训，也知道用软的不失格的方法与管理人员周旋，我营救过他们中的不少人。所以他们有什么事，都要通过各种方式寻我商量拿出对策，他们是我的革命同志与亲密的战友,现在他们还在水深火热之中。"我爸性格刚强,平时从不流泪,每当讲起这些同志时,他的声音就开始嘶哑,眼里还噙着泪珠。这几份报告十分奏效,几个月内有马英、鲁也参、朱家洰、韩铁声、万志林、潘素人等百余名同志陆续被我国政府召回国内,我爸高兴极了。

在北戴河疗养院里,当我爸与妈的病情略有好转时,他们考虑的是新中国成立初期国家还不很富裕,不愿享受如此高规格的生活待遇。我妈说她还能为党为人民做一些力所能及的工作,要把这两个位置留给更需要的同志。一次次强烈要求回北京过一般人的生活,给我妈安排一些工作,让她发挥余热。

我从小跟在我妈的身边,与我爸相处的时间不长。但能从爸妈的口中分别知道了他们的身世。我的爷爷原是个前清武秀才,我爸兄妹6人。在我爸16岁那年,他的两个哥哥一年内夭折,剩下两个姐姐一个妹妹。我爸成了这一房唯一的男孩。为了支撑这一房,爷爷要我爸跳级上小学读书,19岁才与柔石、李士珍同期毕业于正学小学,并以宁海第一名的成绩考入省立六中。我爸响应五四号召,带领同学200余人,列队游行去海门,集会演讲,烧毁日货于大校场。1920年,与我母亲结婚,当年学校保送我爸入之江大学,他恨帝国主义侵略者,不愿进洋人办的学校,后考入法政专科学校。毕业后又拒绝高薪聘请去当法官,宁愿进省图书馆任职。其间,学习马列理论,接受革命思想。1925年10月,在省党团书记宣中华的介绍下在杭州加入了中国共产党。1926年春节前后,受宣中华的委派回乡宣传民众,介绍了范圣中(就是范功科的爸爸,我妈在时他来过北京)与西门小学的潘子炎等入党,建立起范家党小组(我妈说是党支部)。暑假与同学回乡办消夏社暑期补习班转而办宁海中学。听我爸说,那时我家、我的外婆家门庭若市,非常热闹。后由于建立了党组织,发展了许多名党员(讲的名字很多,我只记住小姑妈与娄朗怀等几个人),宣传反帝反封建的思想、宣传共产党的主张,遭到通缉,被警察抓去,解到西门小学门口被学生抢回。全省通缉,逃到武汉找到党中央。中央安排去广州参加北伐军,打仗很勇

范 金 镳

敢。后来任严重师六十三团党代表,严重师长被蒋介石免职后,我爸也离开严部接任二十六军筹募委员、政治部主任,一直转战至浙江。1927年年初,国共合作时期,省党组织授他全权,担任中共县党支部书记,回宁海负责党的领导工作、在党的组织会上内定县知事、县党部主要成员、政府机关人选,主持召开国民党代表会议,在重组国民党县党部、县政府机关人员时落实了党组织的计划。又主持召开了县国民党全体执监委员会,讨论接收县警机关的具体方案,把国民党县党部政府机关的大权牢牢地掌握在共产党手里。在农村发展党员近百人,成立党支部十来个,组织工会、农会、妇女联合会,建立起宁海人民政权。领导全县人民开展轰轰烈烈的反帝反封建运动,支援北伐革命。

"四一二"反革命政变,我爸遭到通缉,宁海城关立不住脚,他去上金建立党支部,又去南乡组织农民武装。当南乡也立足不住时,才与我妈商量去上海找党中央。到上海得知临时党中央已搬到武汉办公。我爸对我妈说妇女比男人安全,叫我妈先回宁海,秘密联系党组织,看形势再说。他一人到武汉后,中央安排我爸担任党中央的保卫工作。其间,他曾写信给范圣中与我妈,叫李平等人去武汉。1927年10月,中组部安排党的干部去苏联共产国际学习时,我爸自认为有一定的俄文基础,又说毕业于法政大学是学法律的,对国际法有专门研究,符合留苏的干部条件,在中组部部长向警予的介绍下认识了帅大姐,由帅大姐领队去苏联。

我爸先在东方共产主义劳动大学学习了一段时间。遇见了浙江同乡俞秀松、董亦湘、周达文、双山等。浙江人讲义气、重情义,经常聚在一起谈天说地,关系密切。被王明、米夫等人视为眼中钉肉中刺。他们不择手段,把江浙同乡会打成反革命组织,引起我爸等江浙同志的强烈不满,一时闹得不可开交。周恩来出生在江苏淮安,但他的祖籍在浙江绍兴,可以说他略知江浙的风土人情,他认为不能讲江浙人亲密接触,就给他们无限上纲,任意戴帽子。在周恩来等人的调解下,一场风波暂时得到平息。

不久,我爸与东方共大很多人被调入中山大学学习。这批从共大转来

064

的同学,在学习马列主义时能运用唯物论辩证法,能结合中国的具体实际,在中国革命几个大的问题上观点一致。与国际东方部主任马列理论辅导员米夫(苏联人)、王明(旅苏支部局负责人)等人唯心主义、形而上学的学习方法风马牛不相及。对于一个近4亿人口中农业人口占95%的农业大国的革命,对要生搬硬套走工业大国、城市人口占绝大多数的苏联的道路持反对态度。在理论层面的大辩论中,我爸的几次演讲,博得多数同学的赞成与认同,被他们称作"中国的布尔什维克——列宁派"思想。民意测验结果,中山大学90%以上的人都持这一观点,占留苏的中国学生的大多数。此事被王明发觉,斯大林担心这批人回国后要与他唱反调,担心他指挥不动共产国际,控制不了中国共产党,动摇他的共产国际领导人的地位。于是做出停办中山大学的决定。斯大林排斥异己搞独裁,在国内狠狠打击托洛茨基等持不同政见者。由于中共学生党员在苏联学习期间都要把党籍转为联共党,所以斯大林有权以清党为名,给中山大学的中国学生扣上托派帽子,当作苏联的托洛茨基分子来打击。将中山大学的中国学生分层次处置,即(1)非持不同政见的多数遣送回国,少数转入其他学校继续读书或到别处工作。(2)属于持不同政见的,严加拷问,有些人服了,彻底坦白后开除学籍党籍、短期服刑、刑满后立即送回国内。(3)又有一些人,虽表面悔改,不知心里有没有真正转变,单怕回国后会增强国内持不同政见者的力量,不准回国,将他们开除学籍党籍后,遣送到边远地区去做苦工。(4)态度坚决的,被开除学籍党籍后长期幽禁在西伯利亚监狱里,即使越狱也逃不出去,让你冻死饿死在荒野上。(5)对于我爸这一层面的人,他们坚信马列主义,认为自己的观点绝对正确,又是态度最强硬的头头,流放西伯利亚监狱未免太轻,则被判为三年有期徒刑押解到位于北极圈的塞拉夫基岛监狱(原沙皇关押重犯要犯的地方监狱)。先干笨重活,后将所有囚犯押解到芬兰附近去挖掘大运河,实施斯大林的"伟大的共产主义建设工程"(让苏联的北海舰队不必绕远道,可直接从白海进入波罗的海,从而实现战略上控制欧洲)。在这个几百万人的人海战役中,累死冻死病死了不知多少人,仅

范 金 镳

中国人就有上万人。幸运的是，我爸仅冻坏了四肢，患上了严重的胃溃疡。刑满被释放后，因我爸是政治犯，不准他进入莫斯科这所政治城市。在我爸的好朋友 E.YAROSLAVSKIY（老资格的布尔什维克，苏共党史主编、列宁战友）的帮助下，才获准进莫斯科，并安排在一个电厂当钳工，搞了许多小发明。其间，向家里发过信件、寄过钱……

我妈说，她参加革命加入中国共产党完全是受我爸的革命思想的影响。坚强的革命意志来自党的教育与革命实践。

我妈出生在宁海河头方家，书香门第，方孔氏家的独养女，家规家教很严，小时只能在家诵读古诗文，安分守己不得擅自外出。23岁时，与我爸结婚。那时我爸在台州读书，受五四革命新思想的启迪，寻求妇女解放，说服我外祖父母，让我妈去台州女子师范预科班读书。接触社会开始认识现实世界，阅读进步书籍使她懂得革命道理。除了学习师范课程外，我爸给她补上了算术这一门课。1921年夏毕业，下半年开始去岔路上金教书，赚钱支持我爸完成学业。1926年春节前后，我爸受省党组织派遣，回乡宣传民众，发展党员，建立党组织。我妈积极参与，年初在范家发展党员成立党支部。1926年夏，组织消夏社暑期补习班，转而创办宁海中学，我爸为了集中精力办学，辞去了杭州省立图书馆主任一职，停发了可观的月薪。我妈为了支持我爸的义务办学工作，也辞掉去上金小学教书，抛弃了60元的年薪，担任起宁海中学的义务教务员工作。动员我的小姑妈范希纯、娄朗怀等女生入学，实行男女同校，解放思想放缠足，协助宁海中学支部开展反帝反封建的革命活动。由包定、杨(季)太才介绍加入了中国共产党。几个月后，宁海中学停办，我爸遭到全省通缉，去武汉到广州参加北伐，范家遭洗劫被查封，我外祖父母家遭搜查，我妈带着年幼的姐姐避在岔路上金。1927年，我爸随北伐军来浙江，受省党部宣中华同志委派回宁海，担任县党支部书记，代表上级党组织宣布我县共产党员以个人的名义加入国民党，保持共产党在政治上与组织上的独立性，主持国民党代表会议和国民党执行委员会改组国民党县党部，推举临时县知事、产生县政府机关等。我妈被推选为妇女部长,不久受中共宁海县党支部委派去杭州省党务养成所学习(由唐供宪、潘峰波介绍再填表办理书面入党手续)。"四一二"政变后、党务养成所解散,她回乡后仍积极参与党的秘密工作。李平、蒋益谦被抓,我爸妈遭到通缉。他俩避到乡下,一道去西乡上金建立党支部,领导民众减租减息,到南乡建立农民武装,继续开展革命活动。待形势十分不利时,才离开去上海。在去宁波的船上发现被押解的两位同志逃脱,警察怀疑与我妈有关,把我妈关在船舱中(实际上,那两位同志对我妈做了吩咐,还递交了一封信,在我妈掩护下逃脱)。我妈在船老大的帮助下开舱溜出,转乘小舢板逃脱,到上海与我爸汇合。由于上海的党组织遭到破坏,中央已搬到武汉办公。经商定,我爸一人去武汉,我妈回宁海与我小姑妈、娄朗怀生活在一起。1927年9月,县党支部书记邬逸民遭通缉出走,由杨毅卿接任,我妈被推选为宁海城区党支部书记,主持党务工作,发展了十余名党员。1928年春,我妈应邀去三门东山小学教书。以教书做掩护,联系包定等同志,协助配合当地党组织,建立农会,组织民众武装,动员妇女参加革命,发展多名妇女入党,参与了亭旁起义。亭旁起义失败后,身份被暴露,在三门蹲下去有危险,约同俞岳先生去上海避难。由于叛徒余明条的出卖,我妈在石浦医院被捕,押解至宁波,判刑三年,关押在浙江第二监狱,受过逼供与三次电刑,1931年5月刑满,1931年7月被范宝火公公(就是那个1981年来过北京,时任宁海民政局长范杰同志的父亲)保释出狱。

我爸妈都坐过牢,第一次坐牢几乎在同一个时间,一个坐的是中国国民党的宁波浙江第二大牢,一个坐的是苏联的共产党监狱。但两人都无比英勇与顽强,我妈曾受过老虎凳、电刑等多种刑罚。听我妈说,当时只要她能承认是共产党员,能脱离与党组织的关系,保证日后不参与党的活动,并能交代出组织名单就可以寻担保人保释出狱。可我妈拒不承认、拒不交代,接连上了三次电刑,被电麻得死去活来。我妈说:"一个女人不知男人在干什么,去三门教书完全是为了养家糊口。"我妈守口如瓶,坚贞不屈,没有坦白自己,也没有出卖同志。只承认与我爸有夫妻关系,没有干过对不

起良心的事。出于无奈,宁波特种临时刑事法庭以我妈与共产党头头的我爸仍有联系罪,判了三年徒刑。期满因无人担保被多关了3个月,后在同村堂房叔公担保下出狱。迫于生活,带着我姐姐去宁海东乡塘里小学教了两年书,接到我爸从苏联寄来的信件。娄朗怀夫妇帮助我妈在上海找到一份工作,边工作边筹集盘缠,在党组织与国际红色救济会的帮助下,1935年领着我姐乘货轮来苏联。我妈经历千辛万苦,行程万余里去苏联寻我爸,在苏联经受20多年的磨难,争得全家回归祖国,回国后为党为人民做了很多事情,解决了诸多历史问题,高风亮节,真是党的好儿女、我的好母亲。

在我的印象中,我爸妈知书达礼,充满着爱,从来没有打骂过我们,家教很严,经常与我讲做人要有品德,更要有骨气。正直朴实为人,大度憨厚待人,要自尊自强,碰到任何艰难险阻要经得起。要我珍惜时光,多读书,读好书。我家没有什么财产,最富有的是书籍。凡是我爸读过的书,字里行间都有密密麻麻的批注(讲实话,几书架的俄文马列原著、世界各大流派名作名著及我爸的笔记手迹,"文革"时怕闯祸被烧毁或当作废纸卖掉了,仅留存着几本手迹很少的俄文马列原著等)。我爸对马列原理、法律条文研究得特别深透,凭着我爸的性格与胆魄,捍卫马列主义比保卫自己的生命还重要。那时斯大林随时可以抓人杀人,1927年俞秀松莫名其妙地被逮捕,1929年遭集体枪杀就是个先例。我爸是个出头鸟,随时都有被抓被枪杀的可能。可我爸不怕杀头坐牢,他认为是正确,一定会努力坚持、决不动摇。

历史与时间是不会说假的。从20世纪50年代的苏联,到解体后的俄罗斯政府,对那个时期制造的冤假错案不断平反昭雪。我爸的战友俞秀松是毛主席亲自批准的革命烈士,帅孟奇妈妈也给我爸说了句公允的话。俄罗斯政府对这一历史做了深刻的反思、公正的评述。史实表明,我爸他们的主张代表着中国留苏学生的主流民意,历史证明中国的布尔什维克——列宁派的主张是正确的。最近我在俄罗斯报纸上看到当年关押无辜的"沃尔库塔市集中营"和"塞拉夫基岛监狱"所在市的市长,为了告诫人们不要忘记那段罪恶的历史,他们别出心裁,设想把两个市装饰为旅游城市对外开放,让世界各国人民来这里旅游,住上四五天体验一下"集中营的生活",品尝一下"集中营的滋味"警示后人,引以为鉴。

2006年7月上旬,家康与燕飞来北京看我,以上甚至更多的我爸妈在苏联的情况,我都与她们讲了,在后来的电话中不断完善补充。相信她们能把事情说清楚。本来也想写一些,由于我汉语书写有困难,就把这件事交托她们了。

我爸墓碑上仅有简单的三行字,没有生平简介。为了镌刻碑文,1988年我回乡探亲,持组织部介绍信向县委取证,县委领导十分热情地接待了我,并嘱党史办童爱芬同志帮我查找材料撰稿,县委办审核后签署意见形成县委文件,给我带回报告中组部。报告中对我爸在宁海建立党组织、创办宁海中学、参加北伐军、改组国民党县党部、组织民众进行反帝反封建等几个大的方面的功绩做了充分肯定。我感到非常欣慰,十分感谢宁海县委领导对我的关心与支持。或许是历史与时间精力的局限,在我爸何时何地由谁介绍入党,担任过何职务上还不够明确。这还是我爸我妈告诉我的"1925年10月在杭州省立教育局图书馆任职时,由宣中华同志介绍加入中国共产党,1927年春省党组织委任我爸为宁海县党支部书记回乡整顿县党部、推举章广田为临时县知事改组县级机关等"清楚明确得多。

2000年7月1日,在离退休老干部倡导下,范家村支部与村委会、我的亲属他们通力协作下,得到知恩中学、宁海中学、柔石中学的大力支持,办起了"故居陈列室";2001年7月1日,在范家村办起了"大革命时期纪念室"。建党80周年时,范家村党支部全体党员干部与离退休老干部召开纪念会,缅怀革命先辈,充分肯定了我爸我妈在大革命时期办学、建党、领导民众建立民主政权的作用与贡献。时间过去了五年,在编写《范金镖传略》时,又能得到宁海县委领导、革命老前辈王家扬、王惜耶同志的关心与支持,我深表感激。在此,我向宁海县委领导、向各位老同志、向宁海的父老乡亲致以真挚的问候与衷心的感谢。

范 金 镰

　　我的根在宁海,我是宁海人,乡土乡亲乡情感召着我。响应党中央、胡锦涛总书记的伟大号召,富我中华,创建和谐社会,建设美好的宁海,我们有着时代赋予的责任。我自1959年学成回国,分配在一机部、机械电气自动化研究所、外国专家局、国家驻美机械电器进出口公司等任职,在世界机械电器科技自动化领域中工作,有过为家乡办一些力所能及的工作的想法。现虽退休多年,仍从事着对外技术经济合作方面的工作,我希望县科技界同行,有可能多接触联系,优势互补。为振兴宁海、实现父辈遗愿尽晚辈的一份力量。

(二)心怀祖国　留苏两代人

　　1955年1月,当时我还是莫斯科科技大学一年级的学生。经中共中央组织部与苏联政府协商,我的父母办理了回国手续,终于返回了阔别30年的祖国——中国。那时,我父亲只有56岁,但已经是一等残疾人。我只身一人,看着渐渐远去的列车,它带走了与我共同生活了20多年的父母,同时也牵动了我要急切回到祖国与家人团圆的愿望。但是令我没有想到的是,这竟然是我们父子的最后诀别。至今我眼前还常浮现与父亲在列车前告别的情景,耳边常常想起离别前夜和父亲的最后谈话。他说:"毛泽东坚持发动广大中国的农民,坚持团结民众,发动学生运动和工人运动来反封建、抗日、建立苏区等救国方针,最后解放全中国,建立新中国——这路子是对的。我终于能回家了,多么渴望看看我们家乡的山水、家乡的赤脚雇农、家乡的一切,以及自己战斗过的地方和浴血奋战过的战友! 我们浙东的山要比瑞士的美!"

　　我出生在莫斯科,自幼在苏联生活接受教育。至1959年之前,我不懂汉语。记得1954年6月,参加大学入学考试时,考试委员会的一位老师,带着我到考委会主席面前说,这位少数民族学生俄罗斯文学考得第一名! 我赶紧纠正道:"对不起!老师,我不是少数民族,我是中国人!我国有四亿五千万人,是地球上最大的民族!"我的祖籍是浙江省宁波市宁海县范家村。虽然我从未到过这个地方,但在我的心目中,它就是自己的祖国、梦中的家乡。我妈妈常讲:"自上海回家,坐一夜货轮到宁波港,再经奉化到宁海。再以后走县城小北门田埂、小溪,便进村。"

我出生在红场以东那条街上的"政治桥名楼"。自那向西出口到红场就是著名的Lobnoe mesto,即历代沙皇的"砍头台"(相当于北京当年的"菜市口")。那里的景色非常美丽,我妈妈常推着我沿着克里姆林宫外面的墙散步。但是好景不长,我刚满6个月时,我父亲去国际儿童院看我11岁的姐姐时,在火车上被秘密逮捕。一夜之间,我就变成了反革命狗崽子。我和妈妈被驱逐出莫斯科,发配到离莫斯科101公里的农村。

谈谈我的父亲范文惠(范金镳)。他是个农民的儿子,在家里男孩中排行老三。我爷爷认为有一个男孩读书就可以了,我的伯伯在上学,所以我父亲就一直务农,放水牛。直到我父亲16岁时,我的两个伯伯一年内病故,爷爷才让我父亲去读书。对于父亲来说,上学的机会来之不易,他拼命读书,以一年读完三年课程的速度,硬是追上了同龄同学。并以宁海县第一名的成绩于1917年7月考入台州省立第六中学(和他一起的有柔石,后为革命烈士)。那是世界大动荡的年代,帝国主义列强侵略中国,掠夺瓜分中国国土和民族百姓的财富,大量洋货、毒品涌入中国,军阀混战,百姓穷困潦倒,社会一片混乱。与此同时,远在欧洲的俄国十月革命震动了世界,打动了热血沸腾的青年的心! 1919年的五四运动冲破了那"万马齐喑"的沉闷局面。随着宣中华领导杭州3000多名学生举行集会游行,我父亲也带领省立六中的200多名学生从临海向海门进发,并高呼着"打倒帝国主义,外争国权,内惩国贼,收回山东利益,抵制日货"等五四口号,沿途民众纷纷加入游行的队伍中。学生运动带动了浙南各县农、工、学、商运动,大长了百姓的志气,灭了汉奸卖国贼的威风。后来在杭州就读法律系的父亲于1925年由宣中华介绍,加入了中国共产党,在家乡宁海县成立了第一个中

范　金　镰

共党组织,后到黄埔,参加了国共的北伐,转战南北。后又被组织派回浙
东,参加巩固根据地的工作。但由于与土豪、军阀、国民党军事实力差距悬
殊,党的工作转入了地下。当时国民党到处都贴有捉拿我父亲、要他头颅
的布告。我父亲被学生抢回、保护转移到武汉。在武汉警卫团由于公开反
对汪精卫,汪精卫派兵要逮捕我父亲,情况非常危急。那时正值蒋介石发
动政变,屠杀共产党人。党中央认为革命很快会取得胜利,为了培养我党
理论军事干部,党组织决定派遣我父亲到苏联学习马列主义,学习军事,同
时又可以避开当时武汉政府中即将发生的军事冲突。这样,我父亲与其他
共产党干部(其中有帅孟奇同志)被派去莫斯科共产主义劳动大学留学,得
到系统学习马列主义和无产阶级政权理论的机会。当时他想这次取经要
快去快回,把十月革命的宝贵经验、马列主义和先进的军事理论带回国,投
入到中国的解放事业当中。

　　我的父亲是国家早期留学生,他从军事战场转到学习战场,如饥似渴
地学习俄语、马列主义理论和世界上第一个社会主义国家的先进经验。不
久,党组织又安排他去莫斯科中山大学学习。他渴望早日学成回国,参加
解放全国的战斗。在莫斯科学习期间,父亲结识了编写《联共(布)党史》的
"E-YAROSLAVSKIY"和"KIVSDNOVA"等马列主义的理论家,与他们一
起探讨了这本共产党员必读的理论真谛。由于王明勾结米夫,对中国革命
和党的领导人妄加评论,引起许多留学生不满。学生支部找王明让其做出
解释,被王明怀恨在心。为此,王明与米夫操纵的支部局向苏联国安局(内
务部)打报告说"江浙同乡会"为反党组织。我父亲是"江浙同乡会"的主要
成员,因此遭到秘密逮捕。由此开始了他后半生的监牢生涯,先后经历的
监狱包括莫斯科的原沙皇著名监狱"Buterka"以及集中营教育"Gulagi",包
括知名的北海至波罗的海的"Belomorcanal"(所谓的斯大林的社会主义大
型工程"白海——波罗的海运河")、北极圈内的"Vorkuta"以及干热的哈扎
克"Kostanay 州-Taranov区-Nikolaevka村庄"流放,等等。

　　当时我的母亲(方惠文,1926年入党)仍在国内参加地下工作,她的公开身份是教师。因参加组织浙东的亭旁暴动,转移时被国民党逮捕,投入浙江省第二监狱,自1928年至1931年在宁波国民党监狱坐牢。在1935年应共产国际邀请,我的母亲到了莫斯科。1936年6月我出生了。

我的父亲作为现代职业革命家,在近30年的监狱生活中,除了学习马列的书以外,还救了不少集中营遇到的中国战友。我由于极少能有机会见到我的父亲,对他的经历,也不很清楚,但他对中国百姓、对祖国的热爱,让我记忆犹新。在大学就读期间,我就经常收到他出狱战友寄给我的信,我还曾收到一位日本共产党员的来信,他在信中写道:"感谢你父亲对我的关照。"

非常遗憾的是,我父亲回国后不到一年就病逝了,安息在八宝山革命公墓。当时中共中央组织部的同志和帅孟奇妈妈送了他人生的最后路程。虽然已经过了将近五十年,但家乡人民并没有忘记他。2006年10月,宁海县庆祝宁海建党、宁海中学建校80周年,当时出版的《浙东人物专集》序言中写道:"英雄的宁海儿女,为中华民族的解放和进步事业奋不顾身,为创立、捍卫和建设新中国英勇奋斗,用自己的青春和热血,谱写了一首首壮美的诗篇。范金镳、方惠文就是其中光荣的代表。"我在家乡见到了许多当年生活贫困的人,如今家庭已经变得很富裕,从温饱向小康过渡。也许这就是父母梦想的一部分,也是作为共产党员所追求的目标。我相信,在玉泉山下的父亲知道此消息,一定会含笑九泉。我当时正在莫斯科读书,加之通信手段极其落后,因此对我父亲的去世和安葬毫不知情。

我这个第一代留学生的后代,生在苏联,长在苏联,没有经过国内选拔,也没有经过语言预科,一直在苏联大学学习直至毕业。1957年,在中组部的关怀下,我被正式划归到中国留苏学生的队伍。这对于习惯流浪的我,犹如找到了家。当时在来自社会主义国家的外国留学生中,我国留学生的特点是纪律严明、集体主义观念强、学习努力等,成为各国留学生的榜样。1957年,毛主席在莫斯科大学发表著名的讲话,我有幸在场。场面的热烈,不用我描述,但当时给我留下极其深刻印象的是整齐坐在前排的中国军事院校的留苏学生,让我看到中国将成为军事强国的希望。那天在莫

大大厅,犹如回到祖国。

有一天下课后,学校党委为中国留学生安排了与两位苏联英雄卓雅和舒拉妈妈座谈的机会。让我最难忘的是,英雄的妈妈给我们讲了他们的英雄事迹。1941年冬,卓雅被法西斯暗杀地就在我的邻村,那晚卓雅妈妈给我留下了她的祝福与希望:"亲爱的范!好好学习,为了自己国家人民的幸福,为了中国。要永远记住十月二日这个值得纪念的时刻——我们共同庆祝伟大的十月社会主义革命40周年的晚会——L.Kosmodemianskaya。"

卓雅妈妈给我留下的祝福   1997年8月与工程师们摄于列宁故乡

与我爸爸回国的经历相比,我是幸运的。1959年大学毕业后,我就回国了。当时中国急需培养精密仪器自动化专业人才,把我分配到天津大学,但是由于自己希望到生产一线工作,再加之正赶上全国发展自动化的高潮,最后我留在北京机床研究所自动化室工作。1960年1月,我参加了全国自动化会议,当时打出口号是:年内研发出10个自动化工厂,100条自动生产线,1000台自动机床。当时没有经验的我,感到任务的艰难。那时派我跟苏联仪表自动化老专家、列宁奖金获得者Kopanevich N. E.实习,尽管当时我的汉语水平不高,但也努力适应着工作。当时,我在实习的那个哈尔滨研究所里看到,人们把更多的时间花在了开批斗会上,而剩余时间才用来研究苏联专家带来的图纸和资料。一年的实习期满,又遇到1960年8月苏联全部专家撤离。那位老专家也非常不情愿地走了。在后来的工作中,我常想起那个老专家的话:"自动化测量的研究,不是建土坝,就是加1000人,也不能一气呵成,欲速则不达。"

我也算是幸运儿,苏联老专家回国后,所里来了留德的自动化专业博士沈烈初。他的到来,对我们研究所在自动化领域,尤其是在测控技术方面起了主导性的影响。他对我的工作给予了极大支持,他带领我们一起建立了机床测控试验基地,提出了传感器、进给部件、测控系统等课题;小组里带进几位研究生、本科毕业生等研究项目。好景不长,由于众所周知的历史原因,所有的科研项目基本都停下来了。"文革"期间,我也被扣上了"德国学员式"的帽子。不过"文革"后,我们小组还是与北京内燃机总厂联合,实现了我国第一台测控磨床的改造,受到了北京市人民政府的奖励。从此后,我在实验室着迷地工作,可以说几十年如一日。

组织上也发挥了我的俄文优势,"文革"前夕派我参与阿尔巴尼亚柯尔察工具厂的建设项目,我参与了从土建到施工图、加工工艺等全套工作。国内政治局势的不稳定,给援外工作带来了诸多不便,但我们援外办克服了很多困难顺利按时完成了自己的国际义务。经机械部审查,交付对外经济贸易委员会,为这个欧洲山国,建设了够全国使用的精密工具量具生产基地。

1984—1985年,我被调去做外贸工作,远离待了26年的实验室,组织上派我去美国洛杉矶SAMCO M. T.工作。这个世界上最发达的国家,给我留下了深刻的印象:如此迅速发达的技术配套体系,是研发工程师的梦想。我们原本的任务,是国产机床的出口。到这里才发现两个国家在同领域里存在很大差距。

这些情况引发了我们来图加工、技术引进的想法。为此,我们用了两年的时间,先是为美国一般代理RT系列镗床,后为美国著名的K & T公司加工中心图纸(曾是世界第1台卧式加工中心的研发商)。当时我不顾中国机床商人对此做法的反对,将项目落到北京机床研究所,至1989年年底2台样机通过验收,此消息曾在中央电视台播出。今后这种系列设备扩散到我国机床行业多个主导机床厂,光是北京机床所就生产了近20年。经过对美国

机床项目的合作及引进,中国机床产业产品在国际市场上占有了一席之地。

1992年,我被调到中国华阳技术贸易总公司(由外专局主管),任对外技术经济合作部总工程师,任务是开展对苏联的贸易工作。但是我们11个纯技术性的高级工程师,对做贸易不在行,没能达到预期效果。由于脱离了外专局,我技术建国的梦想一时破灭了。但当时也有一些收获:那一年我去了阔别30多年的母校,见到了当年的校长、过去的老书记、老师和同学。我的班主任Stateva R. M.非常热情地接待了我,让我终生难忘。她的老父亲,一位卫国英雄对我说:"你们中国对,中国伟大,坚持你们发展的路线,坚持社会主义建设!"

1996年,我被聘到北京市科委属下的首都科技集团,先后在凯奇数控、凯奇电气技术负责对外技术经济合作部门工作。当时我们在开发对俄技术贸易市场方面,正如邓小平同志所说的,是"摸着石头过河"。我们联合部分大学和研究所的力量,在北京市科委和科技部的支持下与俄方数控专家开始了数控系统合作研发的工作。经过半年的联合研发,第一批5台产品样机,是我亲自通过在中俄都出名的"小贩渠道——雅宝路"发向莫斯科的。如今数控系统产品已成规模,每年出口数千套,俄方合作伙伴告诉我们,中国产品不但在俄罗斯得到承认,就连欧洲强大的Siemens公司也将其视为有力的竞争对手。俄方首席专家曾告诉我:欧洲Siemens公司总经理,先邀请俄方人员参观百年的Siemens设施和科研基地,而后企图引诱俄方放弃自己的品牌,购买Siemens的产品。他们最后直言不讳地讲:"知道你们背后的是中国人。"这就证明了一个道理:中俄联合各方优势,可以顶住世界名牌的压力。据他们的统计,当时我们联合研制的数控系统,不仅在俄罗斯、独联体各国的比重占绝对上风,而且已经出口到东欧、墨西哥等国。1993年至1995年期间,我们又研发了自己的与CNC配套的伺服系统,伺服电机,只有十几个人的公司,到2011年、2012年左右出口额已经超千万元人民币。

在2012年11、12月间,我陪同北京市科委的代表团走访欧洲以及俄罗斯等国家。我们与俄方"Balt-System"公司签署了新的与数控系统配套的合作研发项目，即"新一代异步控制系统的研发"。

已77岁的我，至今还在为国家效力，虽然已经工作了54年，但事业的召唤和祖国的需要仍然是我不懈奋斗的强大动力。祖国科技的强大、中国百姓的幸福就是我奋斗终生的目标。

范赤子简介：

范赤子，男，祖籍浙江省宁波市宁海县。1936年6月26日出生于苏联莫斯科。1959年6月，毕业于莫斯科国立技术大学(STANKIN)精密仪器自动化专业。同年9月，经中组部的安排回国，在一机部北京机床研究所工作。从1959年至1985年间，任一机部北京研究所工程师，建立了自动线自动测量实验室。1985年至1989年期间，调任中国机床总公司，负责美国L. A.-SAMCO M. T.技术工作，任副总和高工。1989年至1990年，在北京机床所与美国K&T Corp负责研发KT系列加工中心。1991年至1992年，被借调至SAE Magnetics(HK)东莞新科电子厂任生产技术副厂长。1992年起，任职于外专局中国华阳技术贸易总公司，担任经济技术合作部总工程师和南方公司总经理，直至1996年退休。1997年至今仍被聘为首都科技集团凯奇电气技术公司工作，任对外技术经济合作部经理。

1972年范赤子来范家探亲扫墓
（左前排左起：范赤子 季梅军 季展文；左后排左起：季雅平 陈明取；右前排左起：陈微微 季大凤 赵菊英 季燕飞；右后排：董玉娥）

第一次国内革命战争时期范金镳在宁海的活动

宁海第一个党支部的成立

五四和五卅运动时,宁海还没有党的组织,但是这两次轰轰烈烈的反帝反封建运动,也影响了小小的山城,如五四运动时,宁海也掀起了反帝反封建的热潮,特别是一些进步青年,组织宣传队,张贴标语,散发传单分头下乡宣传。1925年,五卅运动,在宁海的声势比五四运动大,各地成立"救国会",举行罢市、罢课、抑制日货,掀起了反帝爱国大浪潮。经过这次运动的洗礼,许多先进的知识分子接受了马列主义的学说,其中有范金镳等人先后成为中国共产党党员,从此,宁海的革命运动才有无产阶级的领导。

1926年春,范金镳回宁海进行革命活动。他回到家乡后,邀请知识青年畅谈形势,介绍阅读《新青年》《向导》《共产主义ABC》等书刊,逐渐播下革命种子,发展了西门高小(正学小学)教师潘子炎等为党员,成立了秘密小组。不久,范金镳回杭州工作,本地党组织由潘子炎同志负责。

同年7月,上级党组织派范金镳和蒋如琮至宁海开展工作。当时以筹备成立宁海中学为名,借用西门高小校舍进行革命活动,同时成立党支部,并决定成立党的外围组织"消夏社"开办补习班,吸收沪、杭、甬各地进步同学及本地失学青年作为消夏社的成员,有了这个公开的群众组织,就可以更广泛地将进步青年团结在党的周围,又运用了补习班的公开合法形式,领导学员学习社会科学和补习功课,为以后发展党员、培养干部、开办宁海中学打下了可靠的群众基础。在城内河头方家(方惠文同志娘家)设立"印刷处",油印各种革命文件和传单,同时也是联络站。党一方面在知识分子中发展党员;另一方面深入农村,在西乡前童、岔路、上金一带和南乡海游、亭旁、珠岙一带开展活动,教育和提高农民的觉悟,发展党的组织。从此,宁海人民革命斗争在中国共产党领导下,由自发斗争转变为自觉的斗争。

革命与反革命的初次交锋

在党的领导下,团结进步青年,并争取上层分子老翰林章一山等的支持,遂成立宁海中学,于1926年9月10日借正学小学校舍正式开学上课。学校一开始就对学生进行革命思想教育和民主管理,成为党在宁海进行革命活动的中心。青年的觉悟提高了,敢于向封建势力斗争,向广大群众喊出"打倒帝国主义""打倒军阀""打倒土豪劣绅贪官污吏"等口号,震动了封建势力。因此,宁海中学就成为官僚地主和土豪劣绅的眼中钉,他们用种种诬蔑压迫手段,企图扼杀这棵革命幼苗,阻止共产主义思想的传播。

刚着手筹备宁海中学时,城内那些绅士老爷说什么"宁海土浅,是办不起中学的,青年人自不量力"。可是在党的领导下,克服了经济、校舍、教学用具、师资等种种困难而正式开学后,这些绅士老爷又指责"男女同校,有伤风化",由钱伟绉出面,说宁海中学"没有向政府登记备案,不符合法律手续,不能予以承认",并将知事李涨答应的800元开办费也扣留不给,企图从经济上来扼杀宁海中学。但是,由于全体师生团结一致,共甘同苦,渡过了财政上的困难,非但坚持办下去,还经常向广大群众宣传革命道理。这样,土豪劣绅更加仇视。伪教育局长金明清以中小学生抢球互撞致伤一事,就制造"中学生虐待小学生"的借口,竟鼓动个别教师带小学生向县政府请愿,并用篱笆把中学与小学隔开。范金镳同志提出清算教育局经费开支情况,这给贪污的金明清一个致命的回击,金明清于是恼羞成怒,向知事提出撤换校务主任章广田、教务主任蒋如琮,逮捕"赤化分子"范金镳的要求。

九月二十六日(农历),伪知事派两个名警察至溪南村逮捕范金镳同志,押过中学门口时被学生发觉,学生怒不可抑,冲上去把范金镳救回。知事李涨闻讯暴怒,立即坐大轿并带几名警察到中学,严厉斥责师生,激起群

愤,责问得李洣理屈词穷,李洣被学生轰走,其大轿被砸碎。不久(11月中旬)李洣竟向宁波防守司令部密报"宁海有大批赤化分子盘踞捣乱,请速派兵进剿",幸有一位革命同情者将此情况告知学校,并说反动派在明天即动手迫害。学校立即连夜召开紧急会议,一致表示与反动派斗争到底,为了避免不必要的损失,决定当夜全体师生迁往南乡海游继续上课,而范金镳同志也出走广东,参加国民革命军北伐。年底,北伐军节节胜利,反动气焰下降,宁海中学趁此大好形势迁回宁海城内。

群众运动蓬勃开展

北伐军节节胜利,军阀孙传芳的周荫人部从福建败退到宁海,知事李洣仓皇潜逃,全县政务由民团团长土豪孙乃泰兼理。当时,周荫人部与浙军在岵岫岭、西郊崇寺山、相见岭等处发生激战,本县群众在党的领导下,不畏危险,积极地参加斗争,替浙军做向导、送信、运输等工作,有力地配合部队光复宁海。不久,范金镳同志受组织派遣,从北伐军中回到宁海做地方工作。1927年2月间,成立中共宁海县党支部,范金镳为书记,蒋一谦、李平为委员,同时以共产党员和国民党左派人士为骨干,成立国民党县党部,潘子炎为常务委员,李平为宣传部长,蒋益谦为组织部长。通过国民党县党部的合法地位,在开展国民革命的名义下,进行工农运动,建立革命政权。举保章广田为临时县知事,宣布简化诉讼手续,允许群众口头告状,一面逮捕土豪劣绅,人民扬眉吐气。

随着工农运动的蓬勃开展,革命与反革命的斗争也日益尖锐起来。地主阶级为了维护本阶级的利益,不甘心自己的灭亡,力图恢复自己的统治地位,露出了狰狞面目。北乡樟树村土豪孙乃泰和城区金明清、王迪、陈刚山等积极策划,阴谋复辟,于3月16日晚上8时,以民团为主,纠集了土匪流氓共300余人,袭击宁海城,县党部、县政府、工会、宁海中学等四处被抢劫捣毁,居民3人被杀、伤10余人。在群众的支援反击下,黎明前就撤回了乡下。

在这段时间中,党提出"到民间去,领导工农运动"的方针后,宁海党的组织在蓬勃的工农运动中也得到壮大和发展,从一个支部发展到城区、溪南、上金、桑洲、海游、北区、东区等七个支部,党员人数已增至50余名;还在宁海建立了C.Y.L(共青团)组织,年龄较轻的学生也成立了少年革命同志会;城区成立总工会及各业工会、农民协会、妇女会;农村各地也相继纷纷成立村农民协会,开始以减租减息、反抽田等经济斗争向着地主阶级冲击,在粉碎孙乃泰的袭击后,于3月下旬在城隍庙召开庆祝胜利大会,全县各地选派工农商学各阶层代表参加,到会1000余人,会后举行游行示威、高呼口号,盛况空前。

1927年4月,蒋介石发动了"四一二"反革命政变。宁海的反动势力以黄正铭、金明清、章桂、章桓等极端反动分子为首,在上海、宁波等"清党"的消息传来后,反动县知事夏钟澍也急不可待地策划"清党"。四月下旬,他们纠集了反动武装及地痞流氓200余人,查封工会、农民协会、妇女会,党的干部蒋一谦、李平被捕,在押送宁波途中船泊舟山码头时,乘机跳水脱险。范金镰因在乡下工作,未遭被捕,但被通缉。范因本地活动不易,由组织调往外地,后去苏联学习。

同年6月,国民党反动派正式派"清党"委员陈士林、黄飞雄二人率领50余名刽子手来宁海"清党",到达后立即包围宁海中学,对师生逐一进行审问,查封部分教师的箱子,企图找到迫害他们的证据。同时,国民党党员重新进行登记审查,并在东乡至西乡重点地区检查,如稍有嫌疑即被扣押审讯。

反革命政变后,宁海陷入了白色恐怖之中,但党仍然坚持斗争,上级党委也于5月间派邬光煌、杨毅卿等来宁海,重新成立临时县党支部,以邬光煌为书记兼城区支部书记,杨毅卿为委员兼宁海中学支部书记;同时也改变了工作方法,工作重心向农村转移,进行深入艰苦的组织工作,发动基本群众。因此,党组织仍旧得到发展,工会农会等组织也秘密地组织起来酝酿着更大规模的斗争。

(录自宁海县档案馆《大革命时期党史资料》,61-1-26)

范 金 镳

中国共产党宁海地方组织

（1926年9月—1927年2月）①

时间	组织名称	负责人（书记）	委员	下属支部	成员
192年9月	中共宁海中学支部	蒋如琮 范金镳			范金镳、蒋如琮、王育和、潘子炎、包定、邬植庭等
192年2月	中共宁海县党支部	范金镳	李平 蒋益谦	中共宁海中学支部	李平、蒋益谦、蒋建人、王育和、邬植庭、林越、陈春霖、范圣中、娄舜音、应俊明、陈泽芳、葛德贤、叶钧、方惠文、冯冰、邬兆铭、叶燕亦、范希纯、娄涵芳、徐孝慰
				城区支部	根寿（书记）、杨子文、应必富、范福耀、黄章炳
				溪南支部	范功连（书记）、范功忠、范功圣、范功荣、范大富、范功臣、范圣来、吕增寿
				洪石支部	邬锡庭（书记）、邬息林等
				海游支部	章洪广、章西北、章西头、章西禄、章以卓、陈小五（原名章良彩）、陈常贤、王广度等
				亭旁支部	包定（书记）、梅其彬、叶信壮、包照华、包照光、邵自藩、邵宜民、任畴等
				长街直属支部	徐孝慰（书记）、徐国杰、王戎等
				茶院党小组	张理权（负责人）

---

① 摘自《大革命时期中党史资料》，宁海县档案馆，61-1-26。

对健在的部分当事人的访谈笔录

（1960—1961 年中共宁海县委党史资料研究小组）

1926 年 9 月，宁海中学成立，中学刚成立就有部分如王正明（国立东南大学读书）、章桂（上海东亚大学读书）、章桓等立即退出，跟我们闹分裂，要拿回 800 元开办费。章广田当时在上海，做宁海中学负责人是挂名的，实际负责的就是蒋如琮、范金镳两同志。到 10 月中旬，宁波司令部国民党反动派来两团人，到宁海进剿，当时有林淡秋的父亲林笃夫（他是文教科员）通知了我们。宁海中学连夜迁到海游，借海游小学继续上课。到 12 月底北伐军胜利，形势好转，中学学生都要求回宁海城里放假，我与淡秋两个带学生来宁海，蒋如琮就不愿回来，留在海游自己家里一直没有回来。

中学开办起，西门小学校务主任周郁卿对我们很好，他不幸在 9 月病故。以后调来一个包在熔，这个家伙很反动，与中学闹分裂，讲中学学生在打篮球时有意把小学生踢伤，县知事李洣亲自来（坐轿），钉板壁把中小学隔开来。中学学生见这种做法很不满意，就把县知事的轿掰掉。这事情一发生，警察马上把范金镳逮去。学生正好碰见先生被逮去，就从警察手中把他夺回。

1927 年 1 月，周荫人部队退到宁海。李洣县知事逃走，县里有孙乃泰一团兵力，孙乃泰是团长兼县知事。周荫人退到宁海，他就做了助战，也随着周荫人部队走了。这颗县知事的钢印交给应蒙梅。范金镳从北伐政治部回到宁海赶走应蒙梅，夺回县印，开始成立县党部。县党部总负责是范金镳，常务委员潘子炎、章广田也回来了，县知事给章广田做，孙乃泰的兄弟看到自己哥哥没有县知事当了，就很不满，当夜组织 200 余土匪，来宁海城里捣毁县党部、县公署、宁海中学等处。范金镳组织反击，打退土匪，到第二天天一点亮才回来。

——（俞岳　讲述）

范 金 镰

1927年1月下旬，周荫人部队自福建败退，路过宁海与革命军在城郊发生遭遇战，宁海县知事李洣逃跑，全城一片混乱。2月，上级党委派遣范金镰从北伐军队中回到宁海。与蒋如琮及城关革命青年联系，改组县各级机关及县党部。保举章广田（非党员）为临时县知事，范金镰为县党支部书记，蒋益谦为组织部长，李平为宣传部长，俞岳为宁海中学校长，徐锡韬为警察局长，林泽青为秘书，陈必峰为审判长，简化诉讼手续，允许人民口头诉怨，逮捕土豪劣绅。金明清闻风远逃，四乡土豪劣绅销声匿迹。全县各小学校长凡与金明清有勾结的或不称职的都予以撤换，教育界气象焕然一新。到了4月间，党的组织除了城区支部外，在洪石、亭旁又发展了两个支部，而党的活动开始向农村发展。

——（王育和、俞岳 讲述）

1927年2月，范金镰来宁海领导、宣传共产主义，动员泥水、木匠、理发、裁缝、刻字等手工业者组织工会，会员有300余人。

——（施苏仁 讲述）

1927年2月，省里派汪益增同志来宁海检查工作，在校内成立党支部，书记蒋益谦、组织委员邬植庭、宣传委员李平。

——（蒋益谦 讲述）

1927年3月初，召开全县群众大会，四乡到会的工人、农民、学生有数千人，他们带着刀、枪、土炮、旗帜，一齐在城隍庙开大会，范金镰为大会主席，并在大会上作报告。会后举行了游行示威，高喊"打倒帝国主义、打倒军阀、打倒土豪劣绅"等口号。盛况空前，嗣后组织学生到四乡进行宣传，少年学生成立"少年革命同志会"。实行检查日货。

——（杨亚静 讲述）

1927年3月16日在宁海当夜8时,反动分子孙维桓孙乃谦父子,带领土匪200余人,串通劣绅王迪、金甸华、柴芳、陈刚山等将县总工会、县党部、县公署等处捣毁,并枪杀国民党员3名、伤10余名。土匪亦死7人、伤数十人。

——(摘自1927年3月22日时事公报)

1927年3月,海游党支部成立,有40余名党员。王渡负责领导工作。在支部的领导下办起了一所夜校。吸收劳动人民进夜校读书,有100多人,从事宣传革命道理。

——(章洪广　讲述)

1927年3月,范金镳在溪南发展10多个党员,成立支部,范功连为书记。

——(范功臣　讲述)

1927年,范金镳从北伐军队转到宁海工作,在岔路上金发展党员成立支部,娄启璋负责。

——(范希纯　讲述)

1927年3月,南溪办起了一所平民夜校,吸收农民进校读书,从事宣传革命道理。

——(梅法金　讲述)

1927年,范金镳在桑洲发展李石英、王育和、杨善行等10名党员,成立了党支部,同年成立农民协会。

——(桑洲公社提供)

（左　军　徐锡珪　陈去生等记录）

范 金 镳

访问杨毅卿同志(节选)

　　1927年1月,北伐战争胜利,上海党组织派范金镳同志回宁海(从北伐军中回到宁海),与城乡革命知识青年联系,夺取国民党县党部及各机关领导权,范金镳为当时县党支部书记。

　　同年5月,杨毅卿(我)从武汉调回宁海工作。推邬光煌为宁海县党支部书记兼城关支部书记,我为县组织委员兼宁海中学支部书记。邬光煌任期宁海县党支部书记3个月,就受到反动国民党多次逮捕,于9月离开宁海工作。宁海县党支部书记由我担任。

　　"四一二"蒋介石叛变革命以后,我党总结第一次国内革命战争的经验,根据形势转变的需要,提出反右倾机会主义。但是当时深入农村领导农民武装起义、夺取政权是正确的。于是宁海革命青年包定、杨毅卿、许杰、赵柔石、蒋界人、芦经训等改组宁海共产党,扩大组织,以宁海中学为基点,逐步发展,未及一年,吸收知识青年和农民成分的党员(包括CY)。宁海全县有120余人之多,同时扩大农民协会,作为革命外围组织的群众力量,积极进行革命工作宣传工作。并且传达上级指示:"反右倾机会主义,主张深入农村,建立农村根据地,要自力更生。"革命空气遍及全县,数千年来受压迫的农民,也提高了觉悟起来反抗、纷纷参加革命。

　　(录自县档案馆《大革命时期党史资料 61-1-26》,记录者徐锡珪)

怀念传播马列主义的先行者范文惠同志

宁海传播马列主义的先行者范文惠同志,离开我们已经50多年了[①]。他是一个优秀的共产党员,是无产阶级革命家和杰出的领导人之一。他自1926年春到宁海秘密宣传马克思列宁主义。首先与在沪杭各地回乡的革命知识分子创办消夏社,筹备宁海中学,改变宁海政治、经济、文化等落后面貌。当年6月,秘密成立中国共产党宁海中学支部为领导革命的核心力量。凭借中学为革命堡垒,开展对土豪劣绅贪官污吏的英勇斗争。先后组织工会、农民协会、青年会、妇女联合会、学生会等群众团体。

第一次是和劣绅金明清夺取正学小学校产权的斗争。该校校产非常充实,近十年来均被金明清一手把持,饱入私囊。这所小学是全县最高学府。当时金明清是校长,又是县教育局局长。因此他一再阻挠设立中学,用尽各式各样的阴谋诡计,破坏中学;还大造舆论,污蔑办中学的都是赤化分子,运用政治压力,摧残革命运动;勾结反动县知事李涞企图逮捕学校当局,特别指出范文惠是共产党首领。一次,反动县知事李涞率警察到校,借调解经费纠纷为由,欲乘隙逮人,但学校师生在党的领导下和范文惠的正确指挥下,团结一致,不怕任何威胁,展开针锋相对的斗争,逼着李涞叫金明清交出正学小学校产,并要求严办破坏教育的罪魁祸首。这时李涞看到中学师生雄赳赳、气昂昂的威武精神,自知形势不妙,不但不敢下手捕人,进而诺诺连声,夹着尾巴溜之大吉。

---

① 本文写于1978年国庆节撰写。

"夺取县国民党党权的斗争"

1927年年初,受省党部的委派,范文惠来宁海改组国民党县党部。他认为学校不是党政机关,不能正面领导民众革命,必须夺取土豪劣绅所把持的国民党党权方能名正言顺地进行各项革命工作。当时范文惠同志在组织会上提出:"我们党团员先以个人的名义加入国民党,但必须保持党团员在党组织上、政治上的独立性,同时联合国民党左派。"从中改选国民党执监委员会,组织会上决定了具体人选,并在党内一致通过。随之他主持召开的国民党代表大会,完全实现了党的决定,而胜利完成各项任务。在取得国民党党权的同时,普遍发展组织工农群众的革命团体。城里成立总工会,派遣大批革命干部往东南西北各乡镇组织农民协会,约20余处,会员达3000多人。宣传减租减息,反对土豪劣绅,打倒贪官污吏等全面展开。

在一次国民党召开的预祝北伐胜利的群众代表大会上,到会群众2000多人,有来自各乡镇的农民、手工业者、商人、学生、妇女等。范文惠同志主持这次大会,并做了重要讲话,言辞激昂慷慨,激动人心,博得全场掌声,经久不息。接着高呼口号"打倒列强铲除军阀、打倒贪官污吏、铲除土豪劣绅"等。喊声震耳,响彻云霄。这次声势浩大的群众代表大会,使土豪劣绅大为惊恐,他们怕得要死,恨得要命,企图暗害范文惠同志。由于范文惠同志曾任国民革命军二十一师六十三团党代表,经常佩戴自卫手枪,有警卫员跟随着,所以,反动势力的毒计始终不能得逞。

取代县警机关　研究接管人员

召开国民党全体执监委员会讨论接收县警机关的具体方案,有的干部提出由章广田同志去代理县知事,由徐锡韬同志去代理警察局长,由县党部备文上报,请转省府核委。这时范文惠同志提出异议:"目前正当局势混乱之际,我们的人不宜派去代理,要避免樟树璜溪口一带的地主、土匪武装借口攻击,引起武装冲突。我们要保持实力,一面要采取团结一切可以团结的力量,为我所用。如前童童一秋先生是一位开明绅士,而一直倾向我们的,他的声望也很高,以此请他出来当县知事具有极大的作用。"可是南乡的干部要推章广田同志代理县知事,徐锡韬为警察局长,发扬民主,经商讨后,最后采纳了南乡干部的意见,确定举保章广田同志代理县知事,徐锡韬为警察局长。取得县警政权后,为了进一步巩固红色政权,亟待发展农村党员,充实党的力量。凡属反动势力嚣张的乡镇,范文惠同志必亲自前往当地指示,健全群众团体的组织。他在领导工作中,走的地方最多,讲的道理最认真,对任何事情都是实事求是,从实际出发。他不在党内独揽大权,仅以党代表的身份参加学校党政机关工作,义务担任中学政治教员。随着形势的发展,发动群众禁赌禁毒,破除迷信,防火防贼,打击破坏治安的坏分子,罪行重的则由政府机关逮捕法办。

独擒劣绅金明清　大快人心

一次,范文惠同志因公赴甬,公毕回宁海,途遇劣绅金明清,仇人相见,分外眼红,当即拿出自卫手枪,下令金明清不要动,将其押至宁象轮船,押解回宁海处理。不料该船经理钱伟纫是金明清的亲戚,秘密把他放

走。虽然金明清中途逃脱，但已丧魂落魄，吓破了胆，灭了其恶劣威风。

藏书充栋 勤于学习

范文惠同志不管工作多忙，总是见缝插针地阅读马列书籍，家里藏书当在数千种以上，成为宁海的藏书家。他学习勤奋，经验丰富，对于工作中存在的问题充分思考，能正确分析矛盾、解决矛盾，我们尊之为模范党员、敬爱的领导。他又是革命的乐观主义者，对于革命高瞻远瞩，有展望未来的信心。每次和我们谈中国的落后面貌，他都说："帝国主义封建主义给我们造成的现象只不过是暂时的，不久的将来，完全可转化为富强的国家。即使是溪南桥头微小的黄沙和石子，将来也是我们取之不尽、用之不竭的社会财富。崇寺山这样的乱草山，也会成为万木森森、青葱郁茂的绚丽美景。"文惠同志，你在50年前对我们说的预言，我们正在逐步实现。

"枪杆子里面出政权" 时刻不忘革命

在宁海"清党"前夕，范文惠同志将调回军队工作的时候，他对党的中心任务——建立农村革命据点，把武装农民自卫队的责任放在自己的肩上，亲自到海游、亭旁等地组织农民自卫队，动员群众用人民的枪、以革命的武装力量去消灭反革命的武装力量，这是毛主席的"枪杆子里面出政权"革命理论。待部署完毕后，他才离开宁海，把重大的工作交给宁海的卢经训、卢经武、季太才、包定等同志。城关的工作由邬植庭同志负责。

范文惠同志在宁海的短短一段时间里，做出了非凡的革命业绩，他的名字将永远传颂在宁海人民中间。

（范圣中）

（范圣中，又名雨时，范家村人，宁海中学首届学生，1926年加入中国共产党。）

范金镳在宁海建立的人民政权是亭旁暴动的前导①

范金镳1899年生于宁海溪南范家武秀才家庭,1923年毕业于杭州政法专科学校。他勤奋好学、思想开放、大胆敢为、积极参加反帝反封建斗争,广泛结识向往新文化新思想的有识之士,多次与同学到上海大学听马列主义课程。1925年10月加入共产党。1926年与上海大学党组织七成员之一、同乡善岙蒋如琮及悬渚俞岳、海游章广田等人相约回宁海筹办宁海中学,在师生中发展党员建立支部。以文化教育名义建立革命活动基地,并与师生们奔赴农村,在北乡洪石、桥头胡,西乡上金、桑洲、珠岙,南乡海游、悬渚、亭旁等地发展农村党员,建立党支部,发动男女青年到宁海中学读书,宣传全国革命形势,传播反帝反封建思想。他们的革命活动引起反动派的注意。范金镳被抓起来,幸被宁海中学进步学生中途营救脱险,经党组织派遣投奔广州参加北伐军二十一师六十三团任党代表。1927年2月17日,北伐军光复杭州。范金镳带部队回宁海,任中共宁海特委书记,与蒋如琮共同推荐俞岳为宁海中学校长,章广田为宁海县代县知事,并发动群众在城乡组织工会、妇女会、农民协会20多个,会员600余人,工会会员200多人。从此,我党领导的宁海县人民民主政权宣告建立。王育和由范金镳介绍入党,曾任宁海中学校长,1938年首先带领一批新入党的宁海籍青年学生王家扬、葛民治、金良才、童时校等回宁海、三门发动大批青年学生去天台求学,接受进步思想教育。

（李　黎）

（李黎,原名童先巩,前童人,曾任三门县工委书记,新中国成立初期任中共宁海县委宣传部长。）

---

① 节选自李黎同志《南田暴动的作用和意义》一文。

范 金 镰

忆范金镰宁海办学功绩①

1926年7月,蒋如琮、章广田、范金镰、俞岳、王育和、杨毅卿、林淡秋诸先生利用暑假,由上海各地回到宁海,邀请在宁进步青年20余人,在正学小学建立消夏社,开办补习班,招收失学学生。我和华俊升、施其南、吴梅溪、黄中宁、施其良、陈振明等60余人报名入学。在炎炎酷暑中,诸先生认真教学,受到同学的敬仰。同年8月在消夏社的基础上,创办宁海初中。招收初一、初二两级两班,实行男女同校。在18名初二插班生中,我考取第一名,博得诸先生的青睐,心中很高兴。9月10日举行开学典礼,推蒋如琮先生为宁海中学主任。任课教师除消夏社的几位外,新来的有鲍寅、金甘淡、陈赓平、潘以治、吴文钦、朱守训等,多数是义务教师。蒋、章、范诸先生为了解决学校经费,要求宁海知县李洣从正学小学的经费中分出一半,遭到县教育局和小学校长金明清等的反对。从此宁城的旧势力千方百计地摧残初放的花朵——宁海中学。他们一面阻挠拨款,一面不让子女入学,因此校中学生不到70人,大部分来自乡下,但师生之间紧紧团结,一致对外。一天下午,知县李洣来校视察,偏袒小学校长金明清,引起同学们的不满,戳破他乘坐的轿子,使他狼狈回衙。李洣恼羞成怒,扬言宁海中学有共产党人,要解散学校。风声鹤唳,一夕数惊。每天晚饭后部分师生,避到西门外清泉山麓,讨论对策。路上放哨以观动静,我常守在西门路廊到夜间9时回家。同年10月的一天下午,范金镰先生被几名法警由溪南范家押解到学校门口,被我看见,我当即高喊范先生被捕啦,同学叶钧、葛德贤、叶燕翼等20余人,闻声而出,手持木棍,打走了法警,抢回范先生。第二天范先生家被查封,宁海中学也被搜查。这时纷纷

①本文是童子俊的回忆录,见1998年11月26日《宁海报》。

092

传来段承泽团长率部队由奉化来宁捕人的消息,校中召开紧急会议,下午在操场拍照留念,蒋先生无钱出走,我向祖母要来10元钱给他。当晚校中师生匆忙收拾行李,趁朦胧月色,翻山越岭,逃到南乡海游镇,悠悠50里的长途,备尝艰苦。我于第二天到海游,学校暂借海游小学,继续上课。师生生活在一起,夜间都睡在地板上。我们边学习边编排宁海中学被反动势力摧残的过程。夜间在镇上大阴庙演出,我也粉墨登场,博得当地父老的同情与支持。1927年1月,国民革命军挺进浙江。军阀孙传芳、卢香亭纷纷逃窜。全校师生欣喜若狂,整队回城继续上课,组织宣传队到街上抵制日货,高唱打倒军阀、打倒列强、北伐成功等歌曲,声势雄壮,女生娄舜音、应振明、范希纯、王桂仙等首先剪发,我们与女同学上街下乡宣传放足剪发,同唱陆翰文编写的放足歌:"女儿要缠足,却因何?忍泪问爹娘,泪更多,一针一线,紧将儿足缚,痛彻心肝,求娘娘不应,缚更紧。"

有一天,范金镳先生上课,黑板上写着"男女平等"四个字,有一个女同学举手责问:为什么将"男"字写在"女"字上面?这叫男女平等吗?范先生笑着,马上将男字勾到女字的下面,引起哄堂大笑。可见当时反封建的思潮,已在同学们的脑海中洋溢着。有一天,范先生将"中国国民党宁海县第一区分部"的牌子挂在校门口,同时发给每人一本《共产主义ABC》,请方鋈先生任教,这真是"阳奉阴违"。我知道,是党的策略。同年5月,国民党"清党",李平、蒋益谦两先生在宁海县党部被捕(押解至舟山码头,幸逃脱)。当天下午,我们在课外活动,宁海党棍郇锡珍带领方云伟、钱大标等30余人,臂缠红布,手持扁担锄头,高喊"打倒共产党",气势汹汹,冲进校

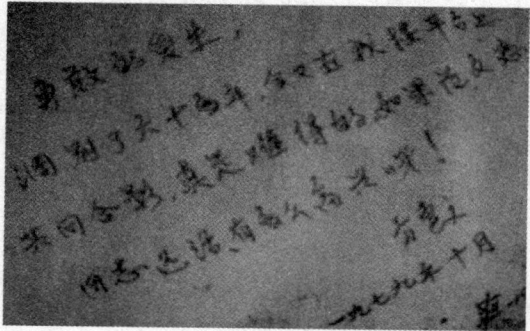

照片的背面是方惠文手迹(1979年摄于北京)

093

内，打人捕人，到处搜查，好在前几天已将党表、名册、红书全部烧毁、密藏，使反动派无法找到证据。范先生不能在宁海立足，蒋先生无法在校工作，都远离家乡。校中主任由俞岳先生担任。同年9月，许杰、赵柔石两先生来校任教初三语文，许授白话文、赵教古文学，赵叫我在"古诗十九首"中选出五首译成白话诗，代我修改张贴在布告栏上，这五首诗可惜在"文化大革命"中烧毁。赵能拉手提琴、弹钢琴，曾教我们唱英文歌 *Little Star*，中文歌《晚眺》，歌词尚能背诵："暮色沉沉，惊涛怒鸣，海天一望无垠。远帆摇白，新苇丛青，一钩凉月初生。"

1928年5月间，俞岳先生和方惠文在石浦被捕，学校无形解散。华俊升、施其南为了升高中，叫我临时写毕业证书，雇人到俞岳先生家——悬渚，请学校文书俞文华盖好校钤和校长私章，投考宁波省立第四中学。我生怕被牵连，将原名童遵秀改为童子俊，我与俊升、其南都被录取，为母校争了光。

今年我92岁了。72年前的事，犹历历在目，铭记不忘。现在如琮、广田、金镰、俞岳、毅卿、育和、柔石、文钦、淡秋诸先生相继去世，但他们革命办学的功绩，在宁海中学校史中永垂不朽。

（童子俊）

历史回忆片段①

　　我是浙江宁海西乡上金人,原名娄舜音,1907年生。父母一共生了我们兄弟姐妹10人。我是最小的一个。我的父亲叫娄子士,一直在本村教书,利用祠堂办起了一所敦本小学。

　　共产党员范金镳(又名范文惠)和他的爱人方惠文,在1926年以前,曾在敦本小学教过书。范是宁海西乡溪南人,是我哥哥娄声甫的同学。当时他已在杭州入党,组织上派他到家乡宁海来建党。范金镳与方惠文夫妇俩是轮换教书,范金镳利用寒假回乡时任教,平时则由方惠文任教。

　　1926年,范金镳利用暑假回宁海,集合进步青年,在原来西门正学小学创办了消夏社;又在消夏社的基础上创办了宁海中学。当时台州地区六个县,只有宁海县没有一所中学。宁海中学是1926年秋办起来的。我记得宁海中学负责人是范金镳和蒋如琮两人。教师有林泽荣(林淡秋)、王育和、蒋益谦、俞岳、章广田、赵平复、林攸绵(现名林迪生)、杨毅卿、金甘淡、叶沛婴等人;当时他们有的是共产党员,有的是具有进步思想的知识分子。学校里实行男女同校,要我作为第一批女生入学。

　　我在学校中因受进步教师的影响,于1926年参加了中国共产党。宣誓地点在宁海西乡溪南罗家罗增寿家。介绍人是范金镳、邬植庭。同时参加的有应振明、范希纯。记得那天在罗增寿家的墙上挂了一块红布,由邬植庭领着说一句,我们跟着说一句。大意是"革命到底,不怕牺牲"之类的话。因为我们都很年轻,政治上比较幼稚,记得宣读时,范希纯还笑了。在这次宣誓前,范金镳同志同我谈话,对我讲了国民党与共产党完全不同,说国民党参加国民革命是表面的,只要自己升了官发了财就完结了,是不管老百姓死活的;只有共产党是真正为穷人闹翻身的,不是为了

---

　　① 本文节选自娄朗怀1982年8月8日撰写的《历史回忆片段》。

个人,而是为了大众。

当时国共合作的北伐战争正处于热潮中,但是国民革命军还没有打进浙江。范金镳把宁海中学作为一个革命的基地,组织师生到社会上(主要是乡村)去宣传,唤起民众。宣传前由老师编印好提纲。在范金镳的带领下,师生们一队一队到田头去宣传,内容有宣传男女平等的,如对妇女说,现在的社会,男女不平等,有钱人可以讨几个老婆,女人死了,男人可以续娶;男人死了,女人不能再嫁;还有揭露社会的不平等的,如对农民说,土豪劣绅整天不劳动,吃得好穿得好,你们整天劳动,吃不饱穿不暖。还有揭露封建伦理道德的,如"三从四德"的祸害等。

宁海中学建立不久,就遭到城里绅士的反对,他们不让自己的子女入学念书。大约1926年10月以后,宁海县反动当局借口范金镳是革命党人,就派警察去抓他。记得当时的经过是:10月的一天下午当警察去抓他时,范正在离学校不远的西门路廊向过路人做宣传。警察对范说"李县知事叫你去一趟",范就一边走一边与警察说理。当经过学校大门时,正好给学生叶均看见了,他马上进学校一叫,很多学生跑出校门,一把将范老师抢进学校,并把几个警察给打跑了。范很快从学校后门走出,翻城墙跑到西路上金,以后由汉口到广东,在北伐军中工作。反动当局抓不到范金镳,就把他家查封了,宁海中学也被查封,被迫移到南乡海游镇(这时去的只有男生,女生因人少生活不方便都没有去)。

不久,国民革命军开进浙江,开进宁海,把反动军阀势力打得落花流水,形势很好。范金镳的家也启封了。宁海中学也由海游迁回。宁海中学师生热烈欢迎国民革命军进城。在欢迎的队伍中,方惠文是唯一的女同志。不久,范也从国民革命军回到宁海。这时他已当了团长。方惠文被派到杭州党务养成所学习,她负责的妇女工作由我代理。在革命高潮中,宣传工作、妇女解放运动搞得热火朝天。宁海中学的男女学生到街上、到集市(逢五逢十)去宣传打倒列强、铲除军阀、宣传抵制日货,宣传剪掉长头发、放缠足。我在剪发、放脚上带了头。

为了推动妇女工作,于1927年三八妇女节,在党员黄秋莲的帮助下,成立了宁海县妇女协会,成立会是在一个女校(小学)开的。这个女校校长马映波思想比较顽固,我们为了争取她、团结她,就在她的学校内开会。会上王桂仙(临海人)代表同学们讲了话,我也讲了几句话。这次会议开得很好、很成功。县政府和各校师生都派代表参加。会后大家参加了三八妇女节游行。

我入党后,除了公开的宣传工作、妇女工作外,还做过秘密的抄写工作。早在国民革命军进入宁海以前,范金镰在城内就把照相馆的季太才、布店的范圣中吸收加入中国共产党。并把照相馆的暗室作为秘密工作的据点。我有时被通知到这个暗室写药水字。记得是一个农民打扮的杨同志讲一句,我写一句。这个工作,一直持续到国民党反动派实行"清党"为止。

以蒋介石、汪精卫为代表的国民党反动派公开叛变革命,大约在1927年6月后,宁海一片白色恐怖。宁海中学师生宿舍遭到搜查,女生宿舍被打得一塌糊涂,我和几个女同学被软禁了几个小时,因查不出证据,才被放掉。宁海中学两位党员老师蒋益谦(临海人)和李平(黄岩人)就是这时在党部被捕的。范金镰因在宁海不能工作,经组织决定去苏联学习,方惠文则由杭州回到宁海农村——俞岳家乡东山小学教书。俞岳是上海大学毕业生。由于蒋如琮和范金镰都不能在宁海中学工作,就由俞岳当宁海中学校长。当时一些进步知识分子和地下党员,如赵柔石、林迪生等也都由大城市转移到宁海,在宁海中学任教。赵柔石于1927年春到1928年春还兼任宁海县教育局长。林迪生大约待了半年,他是由党组织派来担任地下党工作的。

(娄朗怀)

范 金 镰

关于范金镰与方惠文

　　范金镰,溪南人,曾毕业于杭州政法专科学校,研究法律,之后加入共产党从事革命。在1927年大革命时,他在宁海创办消夏社,以消夏社为基础创办宁海中学,培养了一批革命青年。是时宁海教育局局长为金明清不允。以此范金镰指挥一批青年深夜进入金明清家逮捕他,因事前准备不周,金明清逃脱。

　　范金镰参加革命之始,相信康有为著之大同书,大力宣传其大同世界。"清党"以后,范到苏联。1935年,其妻方惠文去南京向叶沛英筹款,叶在南京多方设法捐助以襄其成。在1949年范有信给王育和悉彼夫妇,说在苏儿女成行,附来照片多张,而今范已返国因病在京逝世,方惠文亦旋返在北京寓居。关于1957年致书王育和请其证明情况由政府分派工作云云。

(吴昌钦笔述　1961年9月8日)

革命历史片段①

　　我是浙江省宁海县城关人,现年80岁,父母生我姐弟俩。当时父亲还是爱我的,但在我弟弟出生后,父亲产生了重男轻女思想,又偏爱我弟弟了。当时社会女子读书很少,由于我爱学习,在说服父亲的情况下,得到读书的机会。17岁,在城关端本女子小学高小毕业,就由父亲做主,许配给本县西乡吕增寿为妻,吕是个独生子,又父母双亡,从小游手好闲,不务正业,夫权思想严重,打骂成了家常便饭。因此夫妻不和,在封建礼教的束缚下,我无法可想,走投无路,产生过自杀念头,又想出家做尼姑,但思想矛盾没有做成。后来我同学的哥哥范金镳从外面回来在宁海创办中学,他是共产党员,在办中学时,发展革命力量。范金镳先生知道我的情形后,就到我家与吕增寿说理,现在提倡男女平等,要让我继续读书为人民工作,不可虐待。他好言劝说吕增寿,吕当时听不进去,同范先生大吵一场,不欢而散。从此以后,我在范先生的帮助下,知道只有跟共产党走才有出路,我就把党和范金镳当作救命恩人。在党的支持下,不管吕增寿如何凶恶和阻拦,我与他开展斗争,争取继续求学,听范先生的话,为人民做点事情,要与旧思想做斗争。在范先生的帮助下,我取得了胜利,进入了由党创办起来的宁海中学(设在西门正学小学内),教师有范金镳、王育和、俞岳,学校实行男女同校。当时全班女同学只有我、范希纯、娄舜音等6名。我求学期间,生活十分困难。我是走读生,中饭在学校吃的,吕家用经济来卡我,我一日一餐的饭费都无法解决。有时我向父亲求讨,有时向别人暂借。日子一长,老师、同学都知道我的困难情况,纷纷解囊相助,帮我解决困难,这样吕增寿就无法阻止我的行动了。在大家的帮助启发下,吕增寿的认识有了转变,后来还支持革命工作。我受党和范先生的教育之后,进一步认识到,反动统治阶级为自己做官

---

　　① 本文节选自1988年12月《宁海妇运》。

范 金 镰

发财,不管老百姓的死活,只有共产党是真正为人民闹翻身、为妇女求解放、为广大人民过好日子的。于是在1926年我由范金镰介绍加入了中国共产党。宣誓地址在宁海西乡溪南吕增寿家,同时入党的有娄舜音、范希纯。入党宣誓由邬植庭同志主持,墙上挂着一块红布,誓词大概是:"革命到底,奋斗到底,不怕牺牲。"从此后,我就按照党的指示去做。不久,派来一位指导员,是位名叫黄秋莲的女同志,她是共产党员,是临海或者是黄岩人,来校领导我们办起了县妇女协会,指导我们三个女同学剪发放足。于是我们就剪了头发,到大街上宣传抵制日货、反对土豪劣绅,实行男女平等。当时社会上有许多人看不惯,说我们剪了头发是做了坏事。可越骂我们越起劲,并在文昌阁演出文明戏。我也参加演出,其他还有老师华禹模,同学葛德炎、叶燕翼、童中止、王祥等。这样一来更引起社会上一些人的注目,遭到土豪劣绅的反对。他们反对男女同学在一起,反对我们宣传,县知事也不发给我们办学经费。我们全校师生在党的领导下,团结一致,克服种种困难。有的先生就自己拿出经费开支。到1927年国民党政府采取武装行动,进行"清党"。当时师生正在县党部开会,突然听到枪声,立刻就有军队进来捕人,先把我们三个女学生关在一间房子里,结果李平、蒋益谦两位先生被捕,葛德炎、叶燕翼和我三个女同学放回到学校,只见校内东西被打得粉碎……

（应振明,宁海中学首届学生）

方惠文回忆录

社会在前进,也在促进人的改变,这是千真万确的。我一个女性,生在一个旧封建家庭里,祖上十三代没有断过秀才贡生,书香门第。父亲方郁甫是贡生,为人正直公道,很爱我这小女孩,但礼教家教很严,女孩子不许到外面去跑,他愿意自己教我在家读些诗书礼记等古书。我上有两个哥哥,大哥方志团经商,二哥杭州中学毕业后去参加辛亥革命。

我光绪二十三年(1897年)农历九月二十三日出生在宁海城北河头方家,受慈父的旧规,与外界任何人都不能来往的,既没有外出读书,什么也不懂,算是那封建社会里能守旧礼教的好闺女也。

1920年与溪南范家村范金镰(范文惠)结婚,他是临海第六中学二年级学生,他不但自己爱读书帮助别人进步,像我这样从小失学,仅懂得几句古书的人,却年龄又20多岁了,已出嫁做媳妇的人,数理化什么也不懂,但范一定要我去学习。这在封建社会的旧风俗旧规矩的条件下是绝无条件的,一点办法都没有的,但范文惠提拔我脱离家庭走上求学道路。一方面说服双方父母同意,在1921年进入临海县女子师范预科班读一年毕业。在学习期间完全是范文惠帮忙的,算术不知道,从个位十位百位千位数字单位,到加号减号乘号除号罗马文加减乘除等都是他指教的。开始各住各校的宿舍,1922年我们租了一间房子,是向我同学的姑妈租的。我俩都搬出来走读,那就方便得多呀。可是到了暑假,我俩都要毕业了,我又怀孕了,也无条件再读正科了。主要是文惠要考大学去,因为经济,到南京大学考试迟到了。文惠回到杭州考法政专科,原不想进入,这是文惠不愿进这样的官僚学校,后经我父亲去信说服,他便进入法专学习三年,费用虽不大,每月的讲义费要交,我们在那年代穷得要命,他只好在年假的时候到地主家私塾小学去教书,假满回校上学叫我去替代,全年40

元钱。1922年年底,我第一个儿子出世了,我们都年轻,没有经验,把出生才30天的儿子带去教书,受病没有钱医治,到1923年夏天就死了,也没有取名,也无钱给他拍个照片留念。现在常常想起是我俩非人道的罪孽,太无人性,悔之莫及,哭也无用。

1923年,西路上金小学校长是娄子士先生,他儿子娄声甫是范文惠的同学,都在杭州读书。娄声甫生病时,是文惠自己请假把他送回家乡。后来娄声甫死了。这位校长就很感谢范文惠,就像自己人一样看待。娄舜音是这位校长的小女儿。在寒暑假满时候也是我去代教书的,全年薪水60元钱。1924年10月,我的女儿范素昭(方蓉馨)出生,因为有第一个儿子未活的教训,不把这个女儿太早带出去,藏在家里四个月。1925年3月间才带到上金学校,长期住娄舜音家。因此我们便成为朋友,同时又是师生友谊。1925年暑假,文惠法专毕业,后便在杭州省教育局图书馆担任主任之职,同时加入了中国共产党。1926年春,省党委指派他来宁海创立秘密的共产党支部,在返回杭州时也没告诉我成立党支部的事,因为那时我还不是共产党员,不知他出差来宁海办什么事。到这年暑假期间(六七月),范文惠和宁海的同乡大学毕业生大批来宁海开办消夏社后,想办中学。落后的宁海小县一所中学也没有,只有一个高小学校。我因为婆婆故世,就在家料理家务,范文惠与其他同志都要我出来帮忙办中学,因此我从消夏社开办到创办宁海中学都是参加的。可是这个中学一开始就受难,因为宁海新老劣绅们的反对。学校是开办男女同校的,使手段发脾气的劣绅,说"共产共妻"学校不要去报名。范金镳办事认真又急性,便以自己妹范希纯和应振明、娄舜音三位女生做榜样。就这样宁海中学诞生了。但更激怒了劣绅们,他们就联合军队、政府立刻解散中学,并逮捕范金镳到案,到范家范金镳的住宅抓人,那范金镳只得化装逃往广州参加北伐。1927年年初,北伐军胜利,范金镳又返回家乡宁海,重新开办宁海中学和党支部及工农妇女等一切组织,政权完全掌握在共产党手中,但不久"四一二"事变爆发,蒋介石开始到处抓共产党人,宁海中学又被解散,浙江省几十个县都通缉范金镳到案。这次范金镳只好往武汉在警卫团工作。不久,汪精卫叛变了,武汉又不是安身之地,党领导决定把范金镳同志派往苏联学习,于1927年7月离国。

(方惠文,1981年12月28日)

方惠文的两封信

（一）

中国共产党中央委员会：

我是浙江宁海县人，生于1898年，1920年出嫁，丈夫范文惠（金镳）。1926年，我与文惠在本县组织了消夏社创设中学，成立了秘密共产党支部，我被选为妇女部长。当年秋，军阀孙传芳封闭了中学党部和我们的家庭，并下令通缉文惠。他因而投奔广东担任新编军第二十一师六十三团党代表，我仍留乡间继续做党的地下工作。以后国民革命军进入浙江，在1927年春，我被分派到杭州党务养成所学习，不久国共分家，党务养成所被蒋介石解散封闭。省党部派我转回家乡，我即在本县南乡亭旁一带工作。1928年4月，亭旁农民暴动失败，我逃避外乡，路过象山石浦时被逮捕，转解到宁波，经当地特种临时刑事法庭判决监禁三年。我在宁波浙江第二监狱坐牢，1931年7月期满出狱。在1935年幸得国际红色救济会援助，使我方能带领10岁的女儿蓉馨以政治侨民资格，侨居苏联。我因身体衰弱，得多病多年，所以都是在国际救济会及共产国际照顾下住在政治侨民院生活，女儿在到苏联后即被送到国际儿童院教养。

文惠曾在1927年时被党派到莫斯科东方大学求学。当我到苏联后才听说文惠政治上犯过错误，多年他都是单身一人度着不自由的生活。自第二次大战起，我带着蓉馨与男儿名赤子被撤退到中亚细亚后方，我与女儿在缝纫工厂做女工度日。1946年女儿出嫁，1952年按苏联最高苏维埃之命令取消文惠的一切罪状，完全恢复公民权。1955年，经过苏联红十字会救济会之协助，驻苏联中华人民共和国大使馆之同意，1955年2月15日回到久别的祖国。

侨居苏联二十余年，我与中央虽无直接联系，而我的心从未有一时忘记祖国与党,中国工农在你们的正确领导下,有大公无私的苏联的支持,经历了十年的血战,终于把帝国主义与半封建一切反动力量打倒,成立了中华人民共和国,现在正在建设伟大的社会主义社会。我们过去的一切幻想现在都实现了,我们是何等的欣喜兴奋。

我现在以久居过苏联的政治侨民、过去中共党员的资格向中共中央做以下请求:(1)经过二十余年之挫折,文惠已完全成了残疾人(半身不遂),又患神经病,我自己又年老身弱,早已不能做体力劳动,过去在苏联时我们皆是在苏联红十字会帮助照顾下生活,现在我们返回祖国,文惠当然无可能劳动,可惜他不能再为祖国建设事业出一点力量,而我虽已年老还能多少做些工作,所以我请求中央分配给我一种可能的工作,以作为我们生活费的来源。

(2)在政治问题方面,当时东大闹斗争时候的问题均是已过去将近三十年了,固然我个人不知道当时之情形与文惠"犯过错误"之根源及其轻重程度,实际上他已坐了半生牢狱,现在已完全残疾,这是对他的处罚。1952年已正式取消他的罪状,按苏联司法上讲他已经恢复一切权利,包括政治权利在内,并且有权利恢复加入共产党组织。现在他说话言语的技能皆失掉了。另一方面请求中央是不是为了研究过去经验来重新检查一下,并且将王明、米夫、于飞等人问题相联系,因我为了丈夫问题负了这个包袱已经二十余年,所以同时请求中央对我的党籍问题在组织上做一结论。

1926年与我们共同在宁海建立中学组织共产党小组。现有林淡秋同志在北京人民日报社工作;在我们亲手创办的中学里学习过的一位女学生,她现在也在北京图书馆工作,这是我们多时苦心教育出来的农村青年之一;文惠的叔伯弟弟范功宝他也在党内工作(上海人民银行工会副主席),归国后打听到这一些消息,请组织上可作为暂时检查我们问题的材料。

(3)在归国的时候,我将小儿范赤子留在莫斯科机械制造业大学求学,

范 金 镳

因为也将他带回中国那么耽误了他的学习,现在请求中央将他编入中国留学生队伍,以便准备他学成后归国为社会主义建设事业服务,他是苏联列宁共产主义青年团积极团员。

此致

敬礼

方惠文

一九五七年　月　日

（二）

中共象山县党支部党史资料研究组负责同志:

上次来信,早已收到,因身体欠佳未能及时做复,请原谅。

关于范金镳同志的传略及某些革命回忆片段,正在和老同志们商讨,从事整理,一待稍有头绪,即将资料寄上,以供参考。现仅将这次来信所提问题予以先复,但我的记忆力大大减退,仅把所能回忆到的向你们谈谈:

王锡彤的反天主教运动为时很早,是我的幼年时代的事,关于运动的经过说不具体,但从民间传说和个人体会,当时农民自发反帝运动给帝国主义的文化经济侵略以重大打击,往后此地区盲目信教的人大为减少,但帝国主义的侵略和毒害并未因此终止。直至1919年五四运动时期,宁海地区又有了反帝爱国主义的热潮,当时范金镳还在临海(台州)第六中学二年级上学(我还未同他结婚),他亲自参加了五四运动,负责组织同学,领导部分同学到海门宣传抵制日货,反对日本帝国主义,焚烧了不少东洋货,学生运动的影响面很广,各乡都有过罢课与罢市,人们的思想觉悟有所提高。范金镳走上革命道路也可以说从此开始,并奠定了他的革命思想意识。当时参加运动的进步学生很多,各种集会宣传很广泛,参加集会宣传的知识分子有周岳峰、万模元等人。

1925年,宁海的党组还没有成立,也没有党员,当时我在乡下小学教书,但范金镳已在杭州加入了共产党组织。次年(1926)春天,范金镳受浙江省委派到宁海进行组织工作并成立了党的秘密组织,地址附设在宁海西门高小学校,当时发展的党员有小学教师潘子炎等。当年暑假,范金镳与上海大学毕业的同乡林泽荣(林淡秋,曾任浙江大学副校长)、俞岳(现已残疾,曾与我同时被捕入狱,判处6年徒刑)、蒋如琮等又到宁海进行发展组织工作,在西门小学成立"消夏社",并创办了男女同校的中学,在此中学中进行了党的地下工作。编写各种传单和部署对土豪劣绅的斗争。在我的娘家(宁海城北小北门河头方家方孔氏家)印刷文件传单,我的母亲是当时的通讯员,家里就成了联络站。当时的党员除上述外还有王育和、李平、蒋建人、蒋益谦,学生中有范圣中、童遵秀、邬兆民、叶燕亦、冯冰,女生中有娄舜音、范希纯、应振明等,还有娄涵芳、葛德贤等都参加了当时党的组织,党的负责人是范金镳、蒋如琮、蒋益谦。县党支部大约是在当时成立的,范金镳是监察委员负责人之一。成立消夏社和宁海中学不久被封后中学被迁到海游(现为三门湾)。

北伐战争中,范金镳曾是某革命军部队的领导者之一,任军队中党代表职务。北伐胜利后(1927年春),范金镳回乡继续做党的工作,党组织重新成立,中学继续办起来了,把县知事及县级行政领导权都掌握在共产党手中。以后我被调往杭州党务养成所学习。原来我所担任的党部妇女部长由娄舜音代替。以后在范金镳的领导下成立了工会和农民协会组织,革命运动搞得热火朝天。原来作为领导者之一的蒋如琮,当时并未回乡,直至他逐渐走上了另一条道路。

1927年4月,蒋介石叛变革命,进行所谓清党,大肆屠杀共产党人,范金镳被通缉,宁海县党的工作中心地址——中学被解散了,范金镳避往南乡,因此我们党的组织又被分散了。

1928年,曾掀起了农民运动的高潮,在农民的思想中已酝酿了反国

范 金 镳

民党蒋介石的统治,进行了"亭旁暴动",实际上是一次农民起义,思想上和组织上都有所准备,但由于当时统治者还有强大的力量,而起义的条件又不够成熟,再加之我们的工作做得不够细致,叛徒事先告密,致使这次起义惨败,党和群众的损失很大,宁海党组织的领导者包定被杀,很多农民被杀害。(新中国成立后叛徒杨雪廷、余民条已被捕处刑)当时"暴动"的失败也由于四乡(北路邬植庭、南路包定等)步调不一,只有南路真正发动起来了,而其他几乡没有很好配合,不管怎样,这是宁海农民运动史中最光辉的一页。

　　这次回忆就写到这里,以后抽时间补充。　　　致
革命敬礼

北京　方惠文
一九六一年五月二十六日

老区人民的怀念

——记范金镳在上金的革命活动

范金镳,又名范文惠,生于1899年,宁海溪南范家村人,1956年在北京病故,安葬在八宝山革命烈士公墓,终年58岁。他是宁海县共产党组织的创始人之一。

宣传革命真理 播下了红色种子

大革命时期,范金镳同志以他的夫人方惠文在上金敦本学堂教书做掩护宣传革命真理,深入开展反帝反封建的斗争。在列举大量的事实揭露社会腐败、反动军阀黑暗统治的同时,结合孙中山先生提出的"联俄、联共、扶助农工的三大政策",明确指出"只有共产党,才能救中国",唤起民众从沉睡中觉醒起来,跟着中国共产党,投身到伟大的革命斗争中去,赢得中华民族的彻底解放。

建立中共上金支部和上金区委

在范金镳同志的领导下,上金村组织起农会,开展革命运动,实行改租减息。吸收积极参加革命斗争的贫苦农民娄昌明、王顶官、娄清仁、娄启虎、娄启表等加入中国共产党。把在外地入党的娄璋、娄舜音、范希纯、方惠文等的组织关系转到上金,于1927年初夏,建立中共上金党支部、娄昌明任支部书记,随着上金支部的建立,桑洲、王爱支部也相继诞生。根

据革命形势的发展和工作的需要,1928年3月组建成中共上金区委,娄启璋任区委书记。

组织武装力量　配合亭旁起义

在宁海县党支部的领导下,经过多方面的准备,1928年5月26日,武装起来的农民,高举红旗,举行革命暴动。当农民起义的枪声打响后,上金支部组织武装起来的农民军20余人前去增援。起义的当天,当地的官僚地主、土豪劣绅闻风而逃。他们分头向伪政府、省联防军司令部、伪台州专署、伪宁海县政府告急求援,伪县知事黄懿范得知情报后,即密令军警侦查追缉和电求省联防军司令部,台州专署联防军增兵"围剿"。伪军从临海、珠岙、海游三个方向将亭旁包围。在起义军处于三面夹攻的危急关头时,上金支部派出的20余人在娄昌明的带领下,找到合适地形,投入战斗,其中一伙夫一枪就击毙一个敌人。在密集的枪声中,敌人不明情况,以为大批农民军增援部队已投入战斗,还认为有神枪手,害怕得不敢冲锋。就在这一空隙间,安全地撤出了被围的农民军,上金支部为亭旁起义立了一大功。

为民除害

1927年的一天,臭名昭著的土匪葛贤宛,带着一名匪徒身佩短枪,耀武扬威地到新园祠堂来看戏,这个恶贯满盈的土匪头子群众见到就非常气愤。有人将情况向范金镳汇报,要求为民除害。范金镳马上召集农运积极分子娄传喜、娄世榜等10余人布置任务,部署捉拿方案。在范金镳的带领下,一队人不知不觉地向土匪靠拢,在土匪葛贤宛仍未觉察时竟被力大手快的娄传喜拦腰抱住。娄世榜随即缴了他的枪,大家一哄而上,将两名土匪逮捕。第二天押到宁海县政府法办。危害百姓、猖狂一时的土匪葛贤宛终于被人民除掉了。

护送范金镳出走

蒋介石发动"四一二"反革命政变后,反动派以"清党"为名纠集地方武装对革命进行疯狂镇压,范金镳的身份已被暴露,又是被通缉的对象,在上金等地再也不能住下去了。于是他召开了支部会,分析当前局势,提出今后的工作意见、应变措施,安排停当后,决定暂时离开宁海。为了保证范金镳的安全,上金支部选派娄昌明、娄清仁、娄世风三同志护送。后考虑人多反而会暴露目标不安全,最后决定由娄昌明护送到海游前岙埠头下船去上海。

缅怀先辈　建亭立碑

范金镳同志是宁海县共产党的创始人之一,德高望重,他为党的事业奋斗了一生,对建立中共上金支部和上金区委作出了重大的贡献。为了弘扬老一辈无产阶级革命家的革命精神,继承革命遗志,发扬革命传统,接过革命红旗,教育和引导下一代青少年健康成长,中共上金支部、村委会、老协会决定在中共上金支部和中共上金区委成立的敦本学堂大门外六角"建党纪念亭"以做永久纪念,1994年7月1日建成。

——上金老协会提供材料,娄文樵整理

(娄文樵,现名林毅,为范金镳的外甥)

范 金 镳

去北京找方惠文同志了解情况

1979—1980年,我县对革命烈士进行过一次较全面的普查。不少老同志都惦念范金镳这位宁海大革命时期的领军人物。他于1925年10月在杭州加入中国共产党,于1926年7月回宁海创办了宁海中学、建立党支部。1927年北伐军光复杭州后,范金镳又带部队回宁海,建立了中国共产党领导下的人民民主政权。他是亭旁暴动的先导。1927年"四一二"反革命政变后,受党中央的派遣,去苏联共产主义劳动大学学习。范金镳在苏联深受王明路线的迫害致重病,1955年从苏联回国,后在北京病故。他虽在宁海时间不长,但干出了一番惊天动地的事业,在宁海党史和人民革命史上写下了光辉的一页。他是时代的先锋,他在老一辈宁海人心目中留下了深刻的印象。当时县民政部门对他能否追认烈士,情况不明,决定去北京找其夫人方惠文同志了解情况。1981年5月,我和童心潮同志两人同往北京。找到了方惠文同志的家,方老接待了我们,除谈了范金镳在苏联的一些情况外,还谈起她自己被捕关押宁波刑满释放的全过程。方老看我介绍信上名字姓范,问我是否溪南范家人,我回答是溪南范家人,又问我父亲是谁,我回答父亲是范宝火,1944年病故。方老很亲切地说:"我们不仅是同乡,我同你父亲还有过交情。我被捕后原本1931年7月前可刑满释放。可那时要有人担保才能出狱,因在宁波没熟人可找,被多关了3个月,后来找到一位同乡人在宁波三北开篾作店的范家人——范宝火公,是他把我保出来的,想不到宝火公就是你的父亲。我们真难得相逢呀!"方老很客气地留我和童心潮同志两人在家中吃中午饭,叫她从苏联带来中国的保姆烧了一道地道的苏联菜——土豆(洋芋)给我们品尝。

(范 杰　　2006年5月8日)

(范杰时任宁海县民政局局长)

董颠同志去昆明访问章广田先生

1980年，我担任县党委办公室副主任时，县党委发文要我兼任党史办主任。我认为董颠同志担任这一职务更加合适（他爱好文史，对史志方面有研究，那时他右派刚平反），于是向县党委书记于华杰同志推荐董颠同志。县党委尊重我的意见，转发文任命董颠同志为党史办主任。为明确宁海中学建校组建党支部的历史，党史办董颠同志和楼明月同志一道去云南昆明访问当事人章广田老人。回来后，他们向我讲述了拜访章老的全过程。讲到办学时，章老说："办消夏社补习班、创办宁海中学，范金镳功不可没。他是当地溪南范家人，而范家与西门正学小学仅一溪相隔，他本人又在西门正学小学毕业，与校长周郁卿先生及教师都有很深的交情，因此借教室办补习班等都很方便，相比之下蒋如琼、俞岳与我都是三门人，对宁海总有点陌生。但他们很信任我，那时我人还在上海，这里中学向社会宣布称我为校务主任。"在谈到改组国民党宁海县党部时，章老说："1927年1月范金镳还在国民革命军中任职。2月省里就派他回宁海改组国民党宁海县党部，他是县党部的总负责人。那时国共合作，他的公开身份是监察委员、秘书，在共产党内他是宁海县党支部书记。我担任宁海县临时县知事，改组县级机关，推举赵平复为教育局长、徐锡韬为警察局长、林泽青为秘书、俞岳为宁海中学校长都是范金镳一手安排的。"

（范　杰　2017年5月）

范 金 镰

楷模的力量

（一）

　　自范金镰去苏联、方惠文为生活教书为革命坐牢，范家村仅留下老父范圣烈一人。为守住这个家，范圣烈把他的大女儿范仙云一家搬来范家居住、守业。范圣烈语重心长地对范仙云说："如今，'财'已出国，他是共产党员，我们是共产党的家属，我们的家已被国民党政府查封了多次，近百亩田地被没收了，只剩下三四亩。前不久，他们说'财'有来信，四个警察来家翻箱倒柜。村里也有人下井投石，在背后指指点点，还说藏着枪，警察竟撬开地板查了个究竟。囡呀！范家这个地方，你没有一点魄力与胆量

范仙云（范金镰大姐）
（1893—1984）
（摄于1975年）

是立足不住的。"真是祸不单行，1936年春，范仙云的丈夫季孟迪不幸病故。依靠季孟迪小学教书的收入来维持一家人的生活，已不再可能。范仙云果断决定，让刚13岁的儿子季学崇跟人做学徒，以微薄的工钱添补家庭费用之不足。1938年，家庭生活陷于极度困难中。为了维持这个家，父亲范圣烈瞒着范仙云忍痛将老屋的一半（三间）以60元钱出卖。范仙云得知父亲已与买主写好卖屋契、买主明天一早就要搬进来住的消息，非常激动。她含泪劝说父亲："爹！这是'财'的房产呀，我没有把房产守住，相反还要把房屋卖掉，我有何脸面对得起'财'与范家的父老乡亲。"她坚定地表示："即使我领着子女去讨饭度日也不能卖。"当夜就将60元钱退还给买主。由于一家人既争气又争财，这两年农田种植夺得好收成，克勤克俭，挺过了艰难岁月。

114

1940年，范仙云的父亲范圣烈病故。范仙云膝下留下五女一子(季大凤、季二凤、季学崇、季三凤、季四凤、季莲凤)。为了守住这个家，季二凤已出嫁，长女季大凤却誓不出嫁，一个女人学会拘犁打耙，凡男人能干的农活她都会干，有的农活甚至干得比男的还强，一家三四亩田地的农作，除收种特忙时招几个临工外，平日耘田拔草、治虫施肥都由季大凤来操办。待生活略有好转时，范仙云在房子的南端搭建了两间平屋，并赎回被抵押的家具物品，娶进儿媳妇董玉娥。因范仙云儿子季学崇外出打工，常年住在范家的都是女人。范家村99%的村民都姓范，姓季的仅这么一家。然而，一门女将凭借胆魄与勇气，击退封建宗族势力乘人之危搞得多次恶作剧，粉碎了他们吞并范家房产、排斥异己的图谋。新中国成立前夕，村里多次向范仙云家额外摊派捐税、壮丁费。记得辛辛苦苦一整年养了头近200斤的大肥猪，本想杀猪过大年，谁知被长江部队发现"这头肥猪是共产党人范金镳家饲养的"，马上来一帮人，将大肥猪当众宰

季大凤(范仙云大
女儿)
(1915—1977)

董玉娥(范仙云媳妇)
(1928—2014)
(摄于2012年)

掉、抢走。家里有个奋斗园，种着一株大杨梅树、两株大枇杷树与杏梅树等果树。在园的周边还种着长杆篱笆竹。范姓有人见一门女子软弱可欺，乘家里人没有防范或疏忽，杨梅、枇杷、杏梅成熟了，常常一夜之间全被摘光。又有一天深夜，多人结伙砍掉园中竹子120株，偷运别处，园内丢下残枝败叶，一片狼藉。范仙云外甥陈明取看出作案的破绽，只得通过法律手段，状告县司法部门，在真凭实据面前，作案者多人在范家小祠堂，当众向法院办案人员认罪并赔款，打赢了这场官司，伸张正义，得到村民赞扬。家里周边老房子的质地都比范仙云老房子的好，可前后左右的房

子倒塌的倒塌、被大火烧掉的烧掉，唯独范仙云的房子仍保持原貌，是因为经过几次大的翻修。在董玉娥的眼里："舅父范金镳是个顶天立地的共产党人，他为革命舍生忘死，为的是大家，我们无论吃多大的苦、受多大冤屈，一定要把这个家守住，一定要管好这个小家。"五六十年代，她三次放弃去上海工作及四个子女户粮关系迁入上海市的机会。有一次，上海市印刷三厂党委给她买好宁波去上海的船票，也被她婉言谢绝。董玉娥想的是"舅父有遗训，对舅父及后人有个好交代"，坚决要留下来支撑住这个家。舅父留下的遗物比金银财宝还珍贵。困难时期与"文革"中，宁可忍痛卖掉戒指、首饰及所有金属器皿。连范家的族谱也被当作黄书废纸卖掉。唯独董玉娥将舅父用过的一书架书刊全部珍藏起来，故居陈列室存放着的《中国农民》等23本书刊，历经75年，没有虫蛀变质，完好无损。"文革"时期，说舅父范金镳在苏联反对过斯大林，是托洛茨基分子，社会上有人把她们当作"反革命家属"对待，受到歧视。董玉娥说得好："比起舅公，我们受点委屈算不了什么，相信历史，定能还舅公清白于天下。"

季学崇是范仙云六个子女中唯一的男孩，迫于生活，为了支撑家庭，13岁的他就跟人当学徒，15岁进入印刷厂做工，后只身去上海在一家纸厂做工，最后进入国营上海市印刷三厂当工人。在工人队伍中，他以舅父范金镳为榜样，积极上进，新中国成立初期加入中国共产党，1955年至1966年担任上海市印刷三厂制版车间主任、科长及上海市印刷三厂工会主席，为党的事业兢兢业业地工作着。季学崇年年被评为上海市劳动模范，受到陈毅市长的接见，获得金质劳动奖章，两次被评为全国劳动模范，去北京受到毛主席等中央领导的接见。

季学崇（范仙云儿子）
（1922—1993）

革命传统代代相传，范氏族裔后人均以范金镳为榜样。新中国成立前夕至50年代，有第二代于甦、季学崇、林毅、谢法妹、季莲凤、俞朝登等加入了中国共产党；20世纪80年代以来，第三代范继红、范继业、范肖媚、冰光、和平、忆华、陈明取、娄用建、娄用富等近70人中有25人加入了中国共产党；至今范氏家族后裔200多人，其中具有大学本科以上学历党团员50多人、担任大中小学教师10余人。他们热爱祖国，热爱党，跟着党中央，在不同的工作岗位上勤奋学习、努力工作。不管是党的各级领导干部还是普通群众，大家遵纪守法，以先辈为榜样，沿着先辈开辟的革命道路，为实现人类的崇高理想共产主义而努力工作着。

（二）

　　范赤子在苏联上大学期间，按父母的意愿被编入我留苏学生队伍。遵循父亲的谆谆教导，发愤学习文化科学知识，1957年以优异的成绩毕业于莫斯科机械制造、仪表自动化管理技术大学，成为一名高级工程师。学成回国后的几十年中曾在一机部机床研究所，与所长邹家华同办公室工作多年，与李鹏、曾先林（中科院副院长）、朱学范（航空部部长）等留苏同学一起积极投身中国的社会主义建设事业。

范赤子 （1957年摄于莫斯科红场一侧）

在中科院人事局顾局长的推荐下，到中国华阳技术贸易公司（外国专家局）搞高新技术进出口工作。改革开放后被国家派往美国10多年，从事机械电气技术贸易工作，经常去欧洲地区、俄罗斯等地为振兴中国的机械电器工业作出了重大贡献。退休后的今天，仍担任北京首科凯奇电气技术有限公

司对外技术经济合作部经理,办理对外技术经济合作事宜。他牢记父母的教诲,为发展国家的科学技术事业,奔走于世界各地,为把祖国建设成科技强国而努力工作着。

范金镳非常孝敬父母,在苏联时他常说,"我若生不能尽忠,愿死了也要去尽孝"。当获得无罪释放时,知道重病缠身在世不长,他催促家人尽早回国,终于活着归故土,尽了中华儿女的一份孝心。有其父必有其子,范赤子也是如此。听说在俄罗斯时,范金镳几次病重,周身疼痛难忍,杜拉丁之类的镇痛剂均无济于事。为了减轻父亲疼痛,为了让父亲躺得软一点,范赤子索性脱个赤膊,俯卧在床上,叫家人把父亲范金镳抬起躺在他的身躯上。过了一段时间,其父范金镳在他的背上睡着了。

范金镳女儿范素昭和女婿于甦遵从父母意愿,放弃了优厚的福利待遇,动员了身边所有同志一道回国,共建祖国的美好家园。他俩被安排在林业部,于甦担任林业部外事办公室主任,多年后调到中共中央马列编译局现隶属中共中央党史和文献研究院管理。工作,他们为中国社会主义建设事业、为国际社会党际交往与无产阶级革命理论的发展作出了重大贡献。

范素昭 冰光 于甦
(摄于1951年)

20世纪30年代,范金镳从事革命活动,导致家庭遭受多次查封,家人吃尽苦头,殃及四邻亲朋,但家人亲朋都挺过来了。范金镳被追捕出走何方,一时杳无音讯,生死未卜,家人牵肠挂肚,但都熬过来了。为什么?是因为家里人心里明白,范金镳不为名(杭州政法专门学校毕业,按他的学业成绩与实际水平,出任法官,捞个一官半职不费举手之劳,而他拒绝学校的推荐不去当官),不为利(1926年为了建立宁海共产党组织、创办宁海中学辞去了杭州省立教育局图书馆主任一职,停薪后义务为宁海建党办学服务）。范金镳一辈子仅在1933年给家里寄来10元钱。他不愿在中共中央直属机关疗养院，要求回北京过平民生活，把这个待遇让给比自己更需要的同志。他追求马列真理，对党赤胆忠心，为党的事业人类的解放，出生入死，无私无畏，没有人身自由仍牵挂着中国人民的民族解放事业、同志们的安危。他高风亮节，是一个真正的中国共产党党员，是后人的楷模。

（胡家康　2006年7月1日）

我在实践中学习党史

范金镳(1899.3—1956.8),57年的短暂人生,其中一半时间在国内,时势造英雄,从一个壮志少年,成长为中国共产党优秀党员,他为宁海社会的进步作出了重大贡献;一半时间在苏联,作为一个具有相当马列主义理论素养的中国共产党员,捍卫了马列主义真理,为无产阶级革命事业给中国共产党增辉,成为宁海、浙江乃至全国早期中共党史上的重要人物。

范金镳(摄于1955年)

范金镳出生时家有百石田地,是当时范家村的小地主。不满8岁就上学读书,仅读了两年多,家庭受封建宗族势力的排斥,一时生活窘困,只得放弃学业,在家放牧牛羊。少年范金镳在心里就厌恶封建社会制度。16岁那年,范金镳的两个哥哥一年内相继病故。为支撑门庭,他父亲不顾家里经济拮据,送范金镳去正学小学跳级求学。他18岁小学毕业,并以宁海第一名的成绩考入台州省立六中。立志以文化惠及宁海百姓,改名"文惠"入学省立六中。1919年的五四运动爆发后,宣中华领导杭州3000多名中学生举行大游行,范金镳仿照宣中华领200多名同学从临海向海门进发,进行反帝大游行,沿途搜缴洋货、放大校场烧毁。当以优异成绩毕业时,他拒绝学校保送入学洋人办的之江大学。1921年考入杭州法政公立专门学校,至1925年毕业,这4年中,范金镳把主要精力放在选修俄语、学习俄国取得十月革命胜利的经验上;与在杭州的同乡杨毅卿、陈必峰、娄声甫、双山等组成"宁海旅杭同乡会",多次参与反帝反封建运动;多次去上海听马列讲座,联系宁海旅沪同乡蒋如琮、章广田等,学习无产阶级革命理论;在杭州结识了与他政治观点相同、革命目标一致、时任省党部执行委员的宣中华。正值国共第一次合作时期，拥护孙中山先生的三民主义，"联俄、联共、扶助农工"的三大政策的范金镳在具有国共两党双重身份的宣中华的介绍下，加入了国民党。根据范金镳的学识与超强的组织宣传能力，宣中华派遣刚毕业于法政专门学校的范金镳去担任杭县第六区分部常务书记。1926年春，宣中华委派范金镳回乡发展党组织和民主革命的各项准备工作。1926年夏，回乡创办"消夏社"暑期补习班，接着创建中共宁海党组织，范金镳是宁海最早的党支部负责人；并从暑期补习班过渡到宁海中学，范金镳被推选为第一任宁海中校主任（校长），是范金镳结束了宁海无中学的历史；招收女生，男女同校，在宁海的历史上是从来没有过的，自1926年8月实施了男女同校，范金镳开创了宁海县中学男女同校的历史；在学校里，范金镳提出女子去长发留短发、放缠足，宁海中学女生带了个头，范金镳为改变宁海封建社会风貌起到先导作用；范金镳在学校开设马列主义课程、培养师生加入共产党；党支部决定让华禹模、葛德贤、叶燕翼、童中止、王祥等男女师生在城隍庙同台演出文明戏，结束了宁海历史上从未出现过男女同台演戏的历史；学校教学中开设数学，为宁海的现代教育事业作出划时代的贡献；1927年2月，范金镳从国民革命军回浙江，受时任浙江省党部执行委员会常务委员宣中华与杭州支部局的委派回宁海，担任中共宁海县支部书记（第一任），按照共产党组织的要求改组了国民党县党部，下属各部门的负责人都由共产党人来担任；县内农村各乡组建起党支部，上党课培养先进青年加入中国共产党；组建了县总工会、县农民协会（乡下分会）、妇女联合会，组建起宁海民主新政府；组建起岔路上金党支部，批斗劣绅，率先改组改息。组建桑洲党支部、王爱党支部；去南乡在各地组织成立党支部的基础上，组织地方武装农民自卫队，亲自培训，为亭旁暴动打下基础。直至离开宁海去武汉，后受党中央委派去苏联，范金镳在国内生活了28年，创建了宁海历史上无数个第一。范金镳是创造宁海新时代历史的第一人，对宁海的历史进步作出了巨大贡献。

范 金 镰

1927年年底,受党中央派遣去莫斯科留学,初衷是学成回国效忠中国共产党、缔造社会主义新中国。在共产主义劳动大学里,范金镰成为学生中学习马列著作的榜样,被推荐为联共党"中国共产主义劳动大学"中的学生三人"最高委员会"的书记。高举马列主义旗帜,与王明的错误路线进行针锋相对的斗争。有人指控他是托洛茨基分子,他被开除了党籍。范金镰却说:"这种说法完全就是毫无证据的谎言,所以我绝不承认这一指控。我是一个列宁主义布尔什维克,我的观念早在1926年就已经形成并稳固了。我勇敢、果断,绝不会害怕任何困难,我已牺牲了所有的个人利益(我的个人财产早在1926年就已经全部充公了)。因为我领导着起义活动,家庭得以靠着互助会接济的一点钱生活着。现在我已经没有小家了,党就是我的大家,因此对于党存在的问题,我会毫不留情地尖锐地指出与批评,并帮助党改正这些问题。我不称赞那些毫无根据一味相信党的指令的人,他们看不到党的不足与错误,这些人出现在党内已经很久了,并且还会继续存在着。我是一个列宁主义布尔什维克,所以我无论如何都不会与托洛茨基分子、反革命分子同流合污。曾经的我非常勇敢,今后我也会继续勇敢地同这些人斗争到底。最后我请求党委员会能相信我党性纯洁,将我留在党内,并派遣我参加党的工作(去中国工作或者留在苏联工作都可以)。"在审讯中范金镰说:"在大学里的斗争中我站在了正确的政治路线一边。我的错误仅在于,指责委员会在实践中有着机会主义倾向。布哈林对新经济政策的诠释存在着错误——他认为必须要联合富农。我加入党是因为家庭非常贫困,破产了,我走投无路了。我一边寻找出路,一边寻找造成这种困境的原因,最终我得出结论,那就是加入共产党,它可以正确地解决社会矛盾,发展前景无限。"范金镰并诚心地声明:"我不是托洛茨基分子,我是布尔什维克——列宁主义者。我承认自己犯下的错(指控党委员会有机会主义倾向),也会在将来改正自己的错误。我永远都会同领导者的错误做斗争,以及与那些只知道附和、只吃饭不干事的人做斗争。我个人是希望在劳苦大众中做工作的。我没有家,党就是我的家。"范金镰亲身经历过1925

年至 1927 年领导宁海民众革命的历史,坚定了走中国革命道路的信心,以马列主义哲理,伸张正义。审讯中范金镳又说:"而党目前的路线在我看来不是完全正确的。例如共产国际在武汉时执行的政治政策就是不正确的。真正的列宁主义者会认为,必须要在武汉建立苏维埃。而武汉的共产国际却不同意那样做,甚至破坏了中国革命。"一分为二客观地看待托洛茨基的政治主张,范金镳又说:"托洛茨基对中国革命的大部分看法我是认可的,但他对中国革命性质的定义我持怀疑态度。"

在认错声明中,范金镳说:"我更重视中国的问题。(1930 年党曾审问过我为何要反对党,当时我回答说我只反对苏联,我不反对中国革命。其实当时我欺骗了党,因为我希望党能把我派到中国去'工作',好能再一次自由地'工作',也就是说,从事反革命托洛茨基派的反党'工作'。)目前我认为在中国有两个最主要的历史遗留问题:1926 年 4 月,中国共产党中的托洛茨基反对派强烈要求中止国共合作。1927 年 4 月,托洛茨基反对派提出了刻不容缓进行苏维埃教育的战略口号。托洛茨基派原则上否定了与资产阶级联合的可能性,而这种做法削弱了无产阶级的力量。该派的路线与马克思列宁主义路线可谓天差地别。列宁的观点与托洛茨基的观点从根本上就是不同的。托洛茨基的观点是对列宁观点的极为严重的歪曲,它错误地模糊了帝国主义国家与殖民地国家之间的差异,模糊了社会主义民主倾向这一重要特点。以上是问题一。问题二是,1927 年 4 月,托洛茨基反对派在中国提出的刻不容缓进行苏维埃教育的战略口号。这一口号更加极端,乍一听像是布尔什维克性质的,但是实际上是反对派言论。他们会说:'有什么必要要和资产阶级勾搭在一起呢? 我们需要维持纯洁的有鲜明阶级性的无产阶级的革命路线,我们从一开始就要尽快在中国建立一个苏维埃,如同在俄国那样,而不是同国民党或者其他党派合作。'在当时这样的话是受到好评的,这意味着什么呢? 这并不令人感到惊讶,这是托洛茨基的旧论调(口号)。以前如此,现在依旧如此。比如说'不断革命论''漠视农民''没有皇帝,政府更有效率''没有和平,也没有战争''中国革命

的特点在于它不是资产阶级民主革命,而是社会主义革命''扫清中国的封建余孽',等等。按照托洛茨基的蛊惑性观点,难道世界上就没有帝国主义国家,没有殖民地国家,没有半殖民地国家,只要直接进行纯粹的社会主义革命,就能扫清障碍,而资产阶级民主革命和农民革命的地位就完全不存在了吗?托洛茨基从未考虑过中国革命的特殊性,也没有读过列宁关于殖民地国家的民族革命特殊性的论述。托洛茨基的想法是异常极端的,其危害不亚于无政府主义者,无政府主义者总是会说:'政府有什么存在的必要呢?我们应该打倒一切政府,直接实现共产主义就可以了!'托洛茨基认为,博格达齐耶夫同志在1917年4月就提出了苏维埃口号,而列宁是在1917年9月才提出的,难道这能说明'博格达齐耶夫是正确的,列宁就是错误的吗?!'更可恶的是,托洛茨基及其追随者们对中国革命的态度。1927年中国革命暂时失利,托洛茨基就鼓吹起了'中国革命灭亡论'。然而随后中国就掀起了新一轮革命,甚至建立了中国的苏维埃共和国,并且多年来不断地扩大着自己的面积。中国苏维埃共和国领土面积为1348140平方公里,固有领土面积为681255平方公里,并且在不断增加。1933年,中国红军击退了国民党第五次'围剿',摧毁了国民党110个师,在1934年召开了第二届中国苏维埃大会,如今苏维埃共和国的影响范围更加扩大,革命力量更加巩固了,覆盖了四川、广州、江西等多地。而中国的反革命托洛茨基分子们气急败坏,破口大骂中国红军是'土匪强盗'。这一系列事实恰恰说明了托洛茨基理论是反革命的,无论是在苏联,还是在中国,抑或是在世界其他地方。经验告诉我,带有托洛茨基错误观点的人入党后,也会容易旧病复发再度成为托洛茨基派,并且再一次与党相背离,这也再一次强化了党对曾经的反对派的不信任。这种行为意味着其在思想观念上没有解除武装,是对党的一种欺骗,他们这种行为是不可取的,他们当中也少有人能真正解除思想上的武装,但是重新武装思想又做不到,且抱着让党内只存在积极的党员,不再有那种谁都不得罪的人存在的观念去武装,也是无用的,因此这些'卸下思想武装的人们'其命运是众所周知的。轻轻叩响党的门扉,如今的我不仅完全地放下了托洛茨基派的反革命理论,对党、对自己诚实坚定地表示,我会一如既往地用马克思列宁主义、斯大林思想来武装自己。我会尽我所能地积极工作,向党奉献我的能力。我会用我的忠实工作来重新获取党的信任,并证明自己是一个有意愿、有能力的社会主义斗争与建设的积极参与者。希望党和共产国际能将我派往中国,投身中国的革命运动,无论党的敌人是谁,我都会奋不顾身地捍卫我党的政治安全。因此现在我再一次请求国际监察委员会能够接纳我重返列宁—斯大林主义的旗下。关于苏维埃我必须要说的是,中国的苏维埃是前途无量的,共产国际早在相关文件中多次提到过这点。"

范金镳在声明、审讯中的措辞,足以表明他是一位真正的马列主义者、无产阶级革命家。范金镳在苏联经历了两次坐牢、一次被流放,熬过了1937年至1938年斯大林的大清洗时期。他运用马列主义原理,为捍卫马列真理与各种机会主义分子,进行不妥协的斗争,几经磨难,不改初心,表现出中华儿女的民族气节、一位中国共产党党员的精神风貌、宁海人的骨气。他遭迫害次次与死神擦肩而过,保全了生命。有那么多党中央派遣去莫斯科留学的中国共产党早期的优秀党员,仅范金镳等少数几个人活着回到祖国,实属奇迹。新近获得范金镳在苏联的档案,为研究追溯宁海党史、宁波党史、台州党史、浙江党史乃至中国共产党党史、中苏关系、共产国际等历史提供难得的史料,对资政育人发挥重要作用。

（胡家康　2021 年 4 月 1 日）

擎旗自有后来人

　　范金镬心胸宽阔,志向远大,"把毕生的精力放在谋求广大劳苦大众翻身求解放上"。他高举马列旗帜,英勇顽强地履行了他"为人民解放事业奋斗终身"的诺言。他是宁海县最早的共产党员之一,1926年创建了溪南范家村党小组、宁海中学党支部、创办了宁海中学。1927年2月至4月,担任中共宁海县支部书记,改组了宁海国民党县党部,政府要职由共产党员来担任,建立起县总工会、农会、妇女联合会,建立起宁海民主新政府。在县党支部的领导下,培养积极分子加入中国共产党,组建起城区、溪南、北乡洪石、西乡上金、南乡海游亭旁、东乡长街茶院等党支部(党小组);西南各乡建立起农民武装,实施土地革命。论对宁海的历史贡献,应该说范金镬是最大的。1927年年底,受党中央派遣去苏联留学,他为了捍卫马列主义真理,敢于联合国际友人与反马列的"左"倾冒险主义、右倾机会主义路线做斗争,把"中国共产党人英勇顽强的精神风貌、宁海人的人格魅力与宁海精神"在国际政治舞台上发扬光大。范金镬的确了不起,他是中国共产党人的骄傲,也是我们宁海人的骄傲。而范金镬的夫人方惠文,她坚信马列主义,对党忠心耿耿,对革命事业兢兢业业,是中国共产党优秀女党员。她与范金镬共生死同患难,夫妻相濡以沫,具有贞洁忠诚的中华传统美德,是巾帼英雄、妇女的楷模。我们更应为宁海出现范金镬方惠文夫妇而自豪。

　　早在2000年,许多离退休老干部恳切要求我们范家村及范金镬的亲属后裔,抢救"宁海大革命时期"那段鲜为人知的历史。从那时起,范家村党支部就全力支持积极配合,7月1日,建立起"范金镬故居陈列室";2001年7月1日举办了"宁海大革命时期党史展览",《范金镬生平追溯》《方惠文》两篇文章在《宁海党史》上发表;2006年出版了《范金镬方惠文传略》一书；在建党95周年与宁海中学建校90周年的2016年，积极支持《红色情怀》一书的编纂。为了充实内容，协同多方查找资料，2019年有幸从俄罗斯转来范金镳在苏联的档案，于是更深入了解范金镳就中国革命道路与王明、米夫及斯大林展开不妥协斗争的全过程，促成如今有关《范金镳》一书的编写。期待早日出版，与民众见面，宣传时代英雄范金镳与方惠文，重温中国共产党建功立业的光辉历程，牢记革命历史，继承革命传统，学习弘扬先辈的革命精神。

擎旗自有后来人。让我们扛起马列大旗，接过革命先辈的接力棒，沿着先辈开辟的革命道路，紧紧地团结在以习近平同志为核心的党中央周围，为实现"两个一百年"奋斗目标和中华民族伟大复兴的中国梦而努力奋斗。

（范家村党支部　2021年4月1日）

范 金 镰

范金镰的小故事(二则)

(一)虎口余生——少年范金镰的故事

那是一个早春的凌晨,少年范金镰与往常一样,一大早就起床。习惯地缠上腰带,提着灯笼走向牛棚(栏)。一只脚熟练地踩着自家"大水牯"的角门,伸手攀着牛的肩头,水牯习惯地一抬头,顺势跨上牛背,骑着牛"嘚哒、嘚哒"稳健地朝坝溪松树坛方向走去。

春寒料峭、晨雾缭绕,四周一片寂静,只听得洋溪潺潺流水声与大水牯"嚓""嚓"的啃草声。然而,单薄的衣衫抵不住春寒雾露的侵袭,不一会儿手脚、面脸冻得麻木。小金镰抖擞了一下身子,猛地从牛背上跳下,拾了些枯枝败叶,生起了篝火。随着不断地投入与点拨,火越烧越旺,伴随阵阵暖意,偶尔发出"哔剥""哔剥"的爆鸣声。显然在这个荒野中,人与牛成了黑暗中的亮点。

忽然,一声吼叫划破四周的寂静,顺着声音传来的方向看去,两只晶亮的绿点,一闪一闪地向篝火堆逼近。小金镰啪地惊跳起来,机灵地捏起两块鹅卵石,严阵以待。大水牯也猛地竖起双耳,扬起头,意外地发出"嗯旺""嗯旺"的声音,警惕地注视着前方。瞬间,一只棕灰色条纹相间的猛兽张口露齿、气势汹汹地出现在眼前。小金镰平日也常听大人们讲起:"崇寺山一带丛林,时有'大虫'出没,村边猪圈里的猪经常被叼走的事。"没想到,今天果真碰上了它。没等饥饿的大虫扑向小金镰,大水牯就奋起双蹄冲了上去。面对强劲的对手,抢起双角,不分青红皂白,就是"嘟吷、嘟吷"两角。正好找到食物的饿虎,万万没有想到半路杀出个程咬金,躲闪片刻,突然嘶叫了一声,扑向小金镰。机灵的大水牯凭借它庞大的身躯,一边挡住大虫的去路,一边不时地抢起双角,左一角右一角地追逐搏击。几个回合下来,大水牯头

128

部被大虫脚爪掰了几道伤痕,往下流淌着鲜血。而饥饿的大虫几次被牛角甩得吱吱嘶叫,伤势也不轻。在几轮的较量中,聪明的大水牯找到了对付大虫的好办法,即把小金镳稳当地保护在腹下,屁股倚着田坎,依靠强劲与勇猛始终不让对手靠近一步,大虫的一次次疯狂进攻,均被一一有效地击退。

直至晨雾渐渐消退,东方露出曙光,村子里传来公鸡的报晓声。在数十次出击中,没有占到一点便宜的大虫,自认不是大水牯的对手,只得垂着头,伸出舌头舔了舔伤痕,呻吟了几下,拖着疲惫的身躯,无可奈何地缓缓离去。

大虫走后,面对惊得不省人事的小金镳,大水牯焦急地在他身旁徘徊,时而,用舌头舔舔小主人的鼻脸;时而,用鼻子嗅闻小金镳的躯体,时而"晃嗯、晃嗯"号叫。仿佛在向空间发出求救信号。突然,大水牯灵机一动,用嘴巴将小金镳翻了翻身子,竟神奇般地将牛角套进小主人腰间缠着的腰带,扬着头自豪地提着小金镳,散开四蹄,嗯嗯作声,奇迹般地将小主人救回家。父母姐妹们一齐拥上,呼喊着、抚摸着,急忙点燃稻草给金镳取暖、洗脸换衣、烧起姜枣汤给他去寒。母亲点燃了香,朝拜天地,祈求佛祖保佑。面对眼前被折腾得昏迷不醒的儿子,其父误认为是自家大水牯把他的儿子害成这个样子,一时火上心头,操起竹竿,朝大水牯打去,大水牯委屈地嗯嗯作响,流着眼泪仍在小主人房外踱来踱去,舍不得离开。大约过了半个时辰,小金镳才苏醒过来。睁眼一看,屋子里家人邻里济济一堂,在依稀记忆中,好像被大虫叼到什么地方去吃掉了,谁知是自家大水牯救了他的命。接着他讲述了遇见老虎的全过程。这时他的父亲才知道错打了自家心爱的大水牯。为了感谢大水牯的救命之恩,日后,家中始终精心照料,大水牯病亡后将它完整地埋葬在自家园地上。每逢清明扫墓总要在大水牯的坟上摆放祭品插上白幡……

从此,大水牯救范金镳的故事,在宁海城乡广泛传颂。人们都说,范金镳吉人天相大难不死,定会出职,他的姐姐范仙云每当讲述此事,总是说:"我'财'命大。"

（据范金镳的大姐范仙云1980年讲述整理）

范 金 镳

（二）十元洋钿

1933年的一天上午，范金镳的父亲提着捎马袋，兴冲冲地赶回家，脚未迈进门槛就"大囡""大囡"着急地呼喊着。范仙云急忙迎了上去，忙问："爹，介着急，出了什么事啦？"父亲一时乐不可支，竟开怀大笑，说："你猜有什么好事、喜事。"这一下，才把刚才的担心变成了放心。没等大女儿回话，父亲便迫不及待地说了出来。"囡呀，我的运道真好，今天在路上拾到十元洋钿。"又怕女儿没有听清楚，紧接着重复地自言自语："我的运道来了，介多过路人没看见，被我捡到了。"范仙云联想起自弟弟去苏联后，父亲总是早晚惦念，从来没有如此高兴过。看到眼前父亲乐成这个样子，其中必有原委。没等女儿回话，父亲抓了一把花生，倒了一杯冷酒，搁起脚，开心地吃了起来。站在一旁分享父亲的欢乐的同时，范仙云发现了父亲说话中的破绽。她这样想：父亲年纪已大，平时从来没有拾到过东西，路上即使有钱可用畚斗来扒，也轮不着他。凭着这双颤抖的手，经常一个铜板几个角子被丢掉，今天没有丢也是幸运的，绝不可能拾到钱。十元钱，在当时可买两亩多田、数目不少。想来想去内中一定有文章，于是乘父亲开心之际，将一连串的提问捅了过去："爹，在什么地方捡到？在路中央还是路旁？人家步行的怎么没有看见，反而被你骑马的捡到？"父亲被盘问得叽叽咕咕一时答不上来，竟"哧"的一声将嘴巴里的酒连同嚼得半碎的花生一齐喷个满桌，然后又捧腹大笑起来。范仙云说："老实人说不了谎话，这钱肯定不是捡来的。"父亲痛快地笑了一阵后，才说出了事情的缘由。

后据方惠文讲，这是范金镳在苏联托有关同志兑换成洋钿转寄给他父亲的。在汇款单附言上写着："慈父大鉴，托人代汇上十元，吾在俄均好，勿念。多望保重。逆子 财。"按时间推算，这笔钱是范金镳第一次出役后，在电子管厂做工时积攒起来的。有一部分带给方惠文母女，将这十元钱寄给他的父亲。而老父亲才头一回在金钱上领悟儿子的孝心。

这十元钱除了能解决老父眼前的家庭困难外，意义更重大的是，范金镳从出生至今，从来没有为家里挣得一个铜板，这是范金镳有史以来第一次给父亲寄钱，也是最后一次寄钱。

平凡中见伟大，从细微处见精神，这是一个真正的共产党人的所作所为。为了大家舍小家，高风亮节，丹心照日月，英明垂千古。

（范金镳的大姐范仙云1980年讲述）

范金镳遗著及证明材料

范金镳留下的史料实物

　　岔路上金村珍藏着1927年范金镳赠送给娄昌明、娄启虎的有马克思、恩格斯、孙中山与宋庆龄照片的《新民主主义论》一本、大刀一把、三角皮带一条，手枪一支；赠送给娄震宇《无产阶级之哲学——唯物论》一本。

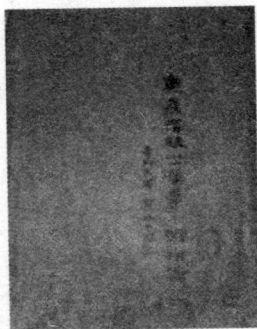

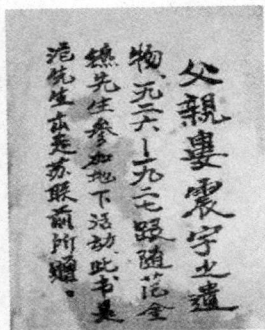

娄震宇之子讲述范金镳赠书故事

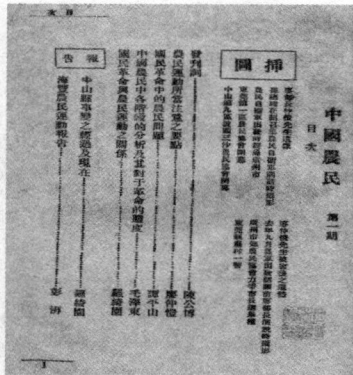

范金镬珍藏的《中国农民》杂志封面,扉页盖有"范金镬"印章

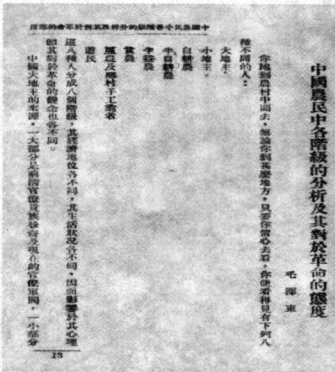

范金镬珍藏的《中国农民》杂志

范金镬读过并带有批注的
《列宁文集》(1917年俄文版)

范金镬学习《资本论》时的批注手迹

范　金　镳

范金镳留学苏联学生档案

一、学生党团员工作经验调查表

学生党的工作经验调查表

党	状	国民党	少共	中国共产党	成少共	成国民党
状	况			1926.1	9.	
成	别	1926.10		1927.3		
		1926.34				

姓名 范文重 Форен　　　学校班级数 896

一、职级 华大第二 级　　生于 1919　　里 女

入苏大前参加的党的团、报的工作

党团社会组织之名称	党团社会组织之名称	少共北京:有,捕,城一,	作时间说明起讫的时分之	责任	工作的经验性质,担任时,别名,勉叫	工作的经验性质,担任时,别名,勉叫	工作的条件:公开的,秘密的	在个人社会中的关系中发生力
国民党	报界第六区委宁海县党部宁海农民协会	浙宁城江浙课	1925.12~19 27.4月	报界第六区委宁海县支部组成委宁海县农民协会委员	进城和宣传	群众的	秘密的	学生和农民中
中国少共								
中国共产党	宁海支部	浙江宁海城内	1926.2~4月	支部书记	宣传和组织的	群众的	秘密的	学生和工中
职工会	宁海总工会	宁海县城内反帝国工会	1927.2~4月	工会委员	宣传的	群众的	公开的	工人
农民协会	宁海县农民协会	宁海县城内反帝下之思想	1926.6~1927 湖	农协委员	宣传,组织和万州联军	群众的	由社会刊公开的	农民
学生协会	宁海学生会中	浙宁城12海内	1926.6~1927	宁海中省主任	宣传的	群众的	公开的	学童

经济文来源: 做工作上13年.

填写此栏的说明及材料:

姓名 范孟雨 Omakageb　　填表人姓名 范文重 Форен　　时间 1927.12　　年

报告人姓名 郭应美

（来源：俄罗斯国家社会政治历史档案馆［前苏共中央档案馆］的范金镳个人档案）

134

二、联邦共产党"中国共产主义劳动大学"党团员登记

聯邦共產黨"中國共產主義勞働大學"黨團員登記表

中文姓名	范叉定		俄文名	фаорин6		學生证號數	896
籍貫	浙江省宁海縣		性別 男	年齡 29		生扑 1899 年	月 日
過去社會地位		學生		敎育程度	专门学校		

入黨入團	中共候補		年	月	日	國	省	縣
	中共正式	1926	年 8	月	日	國 浙江	省 宁海	縣
	聯共候補	1928	年 7	月	日	國	省	縣
	聯共正式		年	月	日	國	省	縣
	中少共候補		年	月	日	國	省	縣
	中少共正式		年	月	日	國	省	縣
	聯少共候補		年	月	日	國	省	縣
	聯少共正式		年	月	日	國	省	縣

何人介紹入黨或入團	蒋先珠 郭志遠,汪嘉塔

曾做過何種事業		何國	何省	何縣	所負的責任名補	從何時起至何時止
	工		浙江	宁海	宁海总工会,工人運動委員会委员	1926.6—1928年4.
	農		浙江	宁海	宁海農協委員工農兵指揮	全 上
	商					
	學		浙江	宁海	創办党的宁海中校委员之一	全 上
	軍		广东江西 浙江湖北		第二十一师团拓荒系(A)连长武清营纲在-团党代表	1926.10—1927.10.

入黨以後的工作	黨內	組織名稱	何省何縣	責任	群众的机關	秘密的机關
		支部,县委	浙江,宁海	書记		秘密
		湖北艺術第二团支部書记(武漢市)	湖北 武昌	"		科长(云)
	少共					
	其他					

曾加入過何種政黨何時何地工作?	國民党 1925. 浙江杭州,宁海 列在民1927.7月脱離

家庭經濟狀況	多少人口 5	父田職業及人丁 紫竹,过己死	結婚去 已婚	每月收入多少 每月二十余元	多少動產與不動產 均值二千余元 在1926.9、1928年间级坏，现在不剩什么财产	家庭關係如何 因经济关系断绝
生活來源	辛亥革命以前 小地主		辛亥革命以後 破產以		有人要销标的钱么?	父亲哥子林罗用教从长

有何種特殊的技能	空俗

（来源：俄罗斯国家社会政治历史档案馆的范金镳个人档案）

范金镳

能識何種文字	中文,英文,俄文.				
能説何種言語	廣東語				
何時何地何机関派来(是党派或自請来?)	1927.10. 武汉, 军委派来.(党派的)				

讀過何種的政治及經濟書籍还其主要者	著作者	書名、雜誌報紙等名	何處出版(地名或名稱)	用何種文字	
	凡在中国出版書籍均的均作著作均為適合	嚮導,中國青年,人民週刊	上海 广州	中文	

曾在軍隊中服務過否?	何處	何時	幾多時候	何種職務	在何人的軍隊中
	广东江西浙江福建等地	1926.10 — 1927.4	為前後合計一年左右	政治	在原第四軍葉挺部第二十一师(后改为第二师)和改编後的第二十五师的第七十三团任政治指导员

參加戰事和暴動否?	何處	何時	何種戰事	在何人軍隊中或红色的組織中
	粤北潮汕揭阳普宁	1926.10 — 1927.4	北伐戰争和海陆丰第一次二次武装暴动	第三次參加國民革命和二次參加農民自衛军中

被捕或通緝過否?	何處	何時	因何事
	汕头	1926.9 — 1927.11	因 1926年因组织农民協会,倒土豪劣紳及官吏被通缉,至9—10月离陆丰,独立第一师因苦谋划回师潮汕,1927.4月因组织国民党群众后和被迫离揭阳因国民党追究通缉离汕

曾加入過職工會否?	何處	何種	幾多時候	職務及工作
	宁海	宁海漁工会	一年多	執委 宣傳

熟悉那些地方的情形?	何國	何省	何縣	何城 市	何鄉 村
	浙江,廣東	宁海,宁波,上海湖北武昌	上海,汕头,普宁海丰	宁海西南北三鄉都熟	

曾著過政治問題的文章沒有?	做過				—
証明人簽名(二人)	Негоров 李华 Карисонин 马З				

學習成績及一服批評	
小組討論會的批評	批評我很努力研究理論和实际的著路展草
来校後的工作	任政委
備考	

1929 年 11 月 27 日　　簽名 профил 646

(来源:俄罗斯国家社会政治历史档案馆的范金镳个人档案)

三、学生履历表（日期 1928年）

Университет Трудящися Китая имени Сунь-Ят-Сена
АНКЕТА студента _____   1926-27 й. год
№ студ. бил. 896

1. 姓名 范文彦 Фан·Цзинь-бяо			男 女	
2. 生年 1899 年 5 月 日				

3. 地点：	国家	省	区(州)	城或乡
1. 生长地	中国	浙江	台州	城
2. 原住地	农村			
3. 从何处来		湖北		武昌

4. 民族	中国革命 (由十八省)	蒙	满	藏	新疆	本种
5. 语言	北京	广东	湖北	东三省	
	上海	福建	山东	江西	上海

6. 知何种外国文字		读	写	讲	在何处学的	多少时候
好	俄			俄	C.C.C.P.	一年
中	英				Kumaŭ	五六月
坏	法					
	德					
	日					

7. 职业	学生

8. 在现时以前曾作过何事指明职位工作及自何时起至何时止等，按年序说明
曾当团支部、私立纪中校、农民工运及军队的党代表三次自1926年5月起至1927年10月末止前止

9. 在现时以前用何人的钱	生活	自赚
	求学	军饷 半由家庭生 由朋友帮助学的 TT 由自赚

10. 父母的职业 (或生活费的来源)	辛亥革命以前 米店
	辛亥革命以后 仍旧

11. 家庭状况	房屋	田地顷亩	产工	捐富数目	此外尚有何物及欠何
学生的	一座	百稻亩	三亩		此外尚有别为及妻新
父母的(辛亥革命以前)	一座	百稻亩	三亩		同上
父母的(辛亥革命以后至今)	在1926年10月报方没主1927年4月末为尽以债一个83为父母起外妻左年				

12. 学生的家庭状况	未婚	已婚	鳏居	未嫁	已嫁	寡居

13. 如有小孩	一人		他的年龄 30岁

14. 用何人的钱生活和自赚生活或帮助
除小孩外尚有何人用学生的钱生活 尚有父亲及妻及妻世视三人

15. 教育：	多少时候	用何种文字	在何处求学		
小学	课堂	半年	中文	城	浙江	中国
中学	金上	四年	中英文	城		
高等学校	金上	四年				
高等学校的名称	那杜法政四公兰高门华			何杜·法科		

（来源：俄罗斯国家社会政治历史档案馆的范金镳个人档案）

137

范 金 鑲

续表

讀過何種的政治及經濟方面的書並其主要者	著作者	書名	雜誌報紙等等		用何種文字
		東方雜誌、嚮導、新青年、中國青年			中文

加入何種政治組織	組織名稱	黨員或候補黨員	幾多年	任何職務	何地	作何種工作在何種群眾範圍
	國民黨	正式	二年			農民工人學生
	中國共產黨	正式	三年			士兵軍隊黨代表
	中國共產主義青年團					

以前曾加入過何種政治性質的組織						

曾在軍隊中服務過否	何處	何時	幾多時候	任何職務	在何人的軍隊中
			一年	黨代表	嚴重的軍隊中

參加過戰爭否	何處	何時	何種		在何人的軍隊中
	浙江、蘇州		討伐		嚴重的軍隊中

被捕過否	何處	何時	幾多時候	因何	
	寧波		不到二天		

被放逐過否	從何處	何時	有多少時	因何	
			一年多		

曾作過職工運動否加入過職工會否	何處	何種	幾多時候	職務及工作	
			一年		
	加入				

熟悉那些方面的情形	省	縣	鄉鎮
	浙江		
	江蘇		
	湖北	武昌漢口	

曾作過政治問題的文章沒有			
	民國日報		

增補			

填寫日期	一九二八	二九歲年	簽字

（来源：俄罗斯国家社会政治历史档案馆的范金镶个人档案）

四、学生佛列尔个人简介

1889年4月出生于浙江。目前是学生。父亲是农村破产小地主。佛列尔在浙江接受过11年的教育，做过教师、图书馆管理员，加入过国民党，组织过宁海党支部，当过军队指导员。1926年8月，在宁海加入中国共产党，入党介绍人为蒋如琮、邬志廷、汪益增。在党内担任宁海支部书记及县党支部常委。1927年10月，在武汉被战时委员会派来中国共产主义劳动大学学习三个月，并担任宿舍长。

佛列尔（范金镳）　1927年10月至1935年6月

五、评价书

1.1927—1928年党内鉴定书

1926年正式成为中国共产党员。政治素养成熟。无社会劳动经验。遵守纪律，性格坚定。无政治问题（这句俄语无法完全辨认），积极发言，对统计课程表现出强烈兴趣，与同志之间保持良好关系。

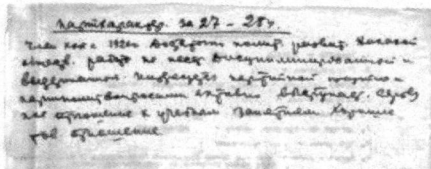

"1927—1928年党内鉴定书"（俄文）

2.对学生佛列尔的评价书

学号896

1926年起加入中国共产党，出生于大地主家庭，政治上摇摆不定。党性上不够坚定。属于托洛茨基分子。1928年积极参加反党活动。（在133号宣言上签名）1929年依然如

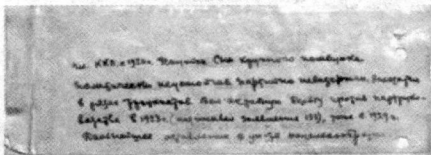

对学生佛列尔（范金镳）的评价书

（来源：俄罗斯国家社会政治历史档案馆的范金镳个人档案）

范 金 镳

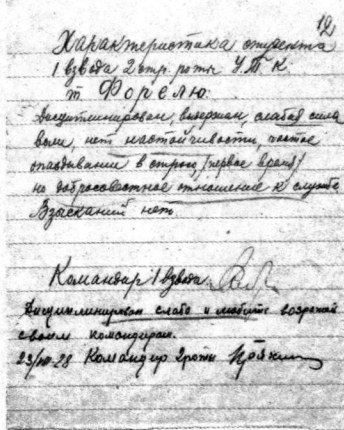

对共产主义劳动大学第二中队步兵一排学生佛列尔（范金镳）的评价书（来源：俄罗斯国家社会政治历史档案馆的范金镳个人档案）

此。故将其继续留在大学里是不合适的。

3.对共产主义劳动大学第二中队步兵一排学生佛列尔的评价书

遵守纪律，有自制力，但决心不够坚定，不够顽强，（开始时）总是落后于其他人，工作态度不够认真，无处分记录。

（一排排长评语）

纪律性不强，喜欢跟排长唱反调。

第二中队排长普里亚欣，1928年8月23日。

六、告发书

关于佛列尔同志的问题。1930年1月15日，我正坐在阅览室里，看见佛列尔在旁边，把一封信的地址抄写在了笔记本上。那是中国上海的一个叫卡尔多的组织的地址。我一走近他，他就把东西藏了起来，非常可疑。我请求让他把那个本子上交给您，同时把他转交给乌鲁索夫同志的那份文件也上交给您！

——卡尔什尼科

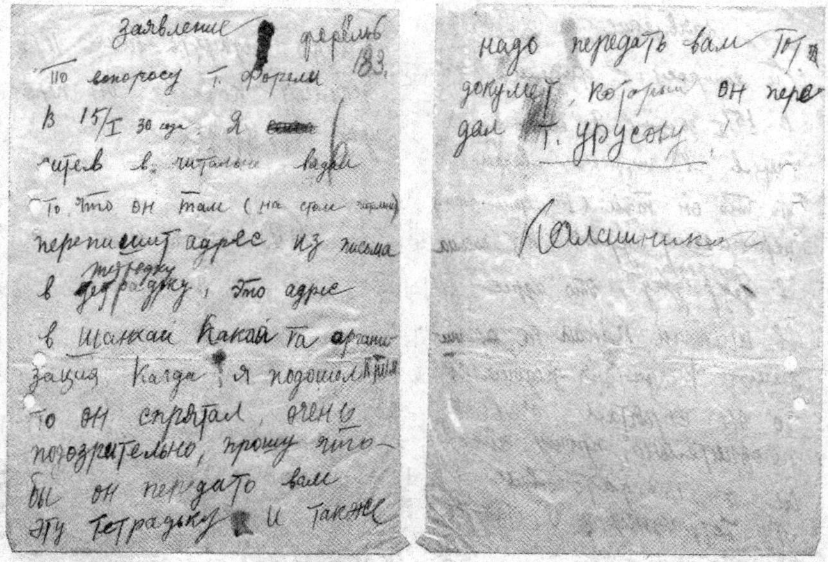
Заявление [redacted] февраль 1933.

По вопросу т. Форели

в 15/I 30 года я читал в читальне видел

то что он там (на столе через...)

переписывает адрес из письма

в тетрадку, это адрес

в Шанхай какая то органи-

зация. Когда я подошел к тому

то он спрятал, очень

подозрительно, прошу что-

бы он передал вам

эту тетрадку [redacted] и также

надо передать вам тот

документ, который он пере-

дал т. Урусову.

Калашников

告发佛列尔(范金镳)的信(俄文)(来源：俄罗斯国家社会政治历史档案馆的范金镳个人档案)

范 金 镰

范金镰致委员会声明
——本人党性纯洁

我主要想谈一个问题，就是我是不是托洛茨基分子。他们对我的指控来源于以下几点：（1）我与其他同志的谈话方式很可疑。（2）我与别林斯基同志和古巴列维姆同志有往来关系。（3）我批评党小组，并说自己不会成为布尔什维克，当乌拉洛夫同志和克鲁索夫同志向支部委员会推荐我的时候，有一位同志称我是反对派分子。（4）据说我有一封中国的来信，所以我是托洛茨基分子。以上这四点我已经在会议上解释过了，但是为了避免翻译上的误会与错误，我在此再次陈述一遍：（1）我与任何一位同志的谈话内容都仅涉及与中国反革命做斗争的经验，以及一些日常任务话题。（2）我与别林斯基与古巴列维姆两位同志的联系仅限于现有的学习小组，以及执行委员会指定的学习点，仅此而已。（3）关于加入布尔什维克的问题，以及骂人的问题，我当时已经要求委员会调查这个问题。党委员会支部也已经在公开大会上公布了调查结果："已证实佛列尔早就加入布尔什维克，不应再怀疑他是一个反对派分子，但是佛列尔同志在大会上辱骂他人的行为是错误的，也是粗鲁的行为，佛列尔同志应当承认自己的这一行为的错误。"（4）事实上，我并不认识乌鲁索夫同志。（5）我的信都是我的妻子写给我的，她曾被囚于狱中，我们有许多同志会前往上海，我的这些信都存放在上海互助会那里，同志们可以去那里检查这些信。至于某些同志指控我是托洛茨基分子，这种说法完全就是毫无证据的谎言，所以我绝不承认这一指控。我是一个列宁主义布尔什维克，我的观念早在1926年就已经形成并稳固了。我勇敢、果断，绝不会害怕任何困难，我已牺牲了所有的个人利益（我的个人财产早在1926年就已经全部充公了）。因为我领导着起义活

致委员会声明（俄文）

致委员会声明（俄文）（来源：俄罗斯国家社会政治历史档案馆的范金镳个人档案）

动，家庭得以靠着互助会接济的一点钱生活着。现在我已经没有小家了，党就是我的大家，因此对于党存在的问题，我会毫不留情地尖锐地指出与批评，并帮助党改正这些问题。我不称赞那些毫无根据一味相信

范　金　镳

党的指令的人，他们看不到党的不足与错误，这些人出现在党内已经很久了，并且还会继续存在着。我是一个列宁主义布尔什维克，所以我无论如何都不会与托洛茨基分子、反革命分子同流合污。曾经的我非常勇敢，今后我也会继续勇敢地同这些人斗争到底。最后我请求党委员会能相信我党性纯洁，将我留在党内，并派遣我参加党的工作（去中国工作或者留在苏联工作都可以）。

委员会曾询问我参加过多少次战役。我参加过国民革命军，参与过三次战役，后来又参与过五次反对国民党的战斗，一次被俘，一次受伤。

——佛列尔 896

对学生佛列尔（范金镰）审讯记录（译文）

佛列尔（范金镰）：出生于 1899 年，职业为教师。曾组织过农民协会，参与过工会工作。父母为地主。本人高级中学毕业。家中共有 5 位家庭成员，其中 3 位是共产党员。妻子目前在监狱服刑。在大学生中做工作，是学生协会成员。参与过 1925 年 5 月事件。领导过农民起义运动。曾被捕，后在广州革命军帮助下被释放。1926 年加入共产党后第二次被捕，在北伐军军中同志帮助下获释。在蒋介石政变期间，他处决了反革命分子。指挥过农民军。来莫斯科前在军中工作。家中财产已被没收充公。在大学里错误地反对党委。

佛列尔答辩：早在 1928 年我就被指控坚持托洛茨基主义，也就是说指控我反对共产主义委员会。我提出疑问：卡扣面包难道不是地主富农的过错吗？就因为如此我便被指控为托洛茨基分子，以及遭到训斥，训斥我言语粗鲁。我的哥哥们很早就过世了。我没有在 133−X 号文件上签字。在大学里的斗争中我站在了正确的政治路线一边。我的错误仅在于，指责委员会在实践中有着机会主义倾向。布哈林对新经济政策的诠释存在着错误——他认为必须要联合富农。我加入党是因为家庭非常贫困，破产了，我走投无路了。我一边寻找出路，一边寻找造成这种困境的原因，最终我得出结论，那就是加入共产党，它可以正确地解决社会矛盾，发展前景无限。我不知道托洛茨基分子名单，也不知道他们的领头人是谁。我只是不满，党委员会没有把好同志紧密地团结在自己周围，而是混进了不少不需要的人，没有组织好工人的学习工作。

（讨论）

涅什内同志：那天我一走进大学，就看到佛列尔那有份托洛茨基派的文件。

З`ФОРЕЛЬ.- Родился в 1899 г. учитель. Был организатором
крестьянского союза. Работал на профработе. Родители - помещики. Окончил
высшую школу. У него в семье 3 коммуниста из 5-ти человек. Жена сидит
в тюрьме. Работал среди студентов. Был членом студенческого союза.
Принимал участие в майских событиях 1925г. Был руководителем крестьянско-
го восстания. Был арестован и освобожден Кантонскими войсками. Работал
в профсоюзе. Это в 1926г. после вступления в ККП. Был вторично арестован.
После освобождения при помощи товарищей работал на политработе в армии
во время северного похода. Во время переворота Чан Кай-ши он казнил
контр-революц.командиров. Командовал крестьянскими отрядами. Перед
от`ездом в Москву работал в армии. Имущество его семьи конфисковано.
В своей работе в Ун-те я совершил ошибку выступал против бюро.

ОТВЕТЫ.-

Еще в 1928г. меня обвиняли в троцкизме, т.к. я был против ком-
сомольского бюро. Я спрашивал не кулак ли виноват в задержке хлеба. За
это меня обвинили в троцкизме. Получил выговор за грубость. Мой брат
давно умер. Я не подписывал заявления 133-х. В Университетской борьбе
я стоял на правильной политической линии. (Ошибся в том, что обвинял бюро
в оппортунизме на практике. Ошибка Бухарина в толковании НЭП`а - необ-
ходимость союза с кулаком. Вступил в партию потому что семья стала очень
бедна, разорилась, было у меня безвыходное положение. Стал искать выхода
и об`яснения существующего положения и пришел к выводу о необходимости
вступления в партию, которая правильно разрешает противоречия обществен.
развития. Списки троцкистов, лидеров этой группы не знал. Недоволен тем,
что бюро не сплотило вокруг себя хороших товарищей. Есть ненужные......
Не налажена учеба для рабочих.

ПРЕНИЯ.- Тов.НИКИН.- Когда я приехал в Ун-т, то увидел у Форе-
ля троцкистский документ.

Тов.ГЛУХАРЕВ.- Поведение и деятельность тов.Фореля подозрительны.
Он защищал берлинского-троцкиста. Форель скрывает свое политическое лицо.

Тов.МЕРКУЛОВ.- Форель солгал, заявив, что он не подписывал заявле-
ния 133-х. Это обман партии. Форель защищал троцкиста Берлинского.
Форель под лозунгом реконструкции пытался свернуть партруководство в
УН-та. В Доме отдыха он распространял троцкистские документы.

Тов.ВОРОНИН.- Форель был связан с Верочкиным и вместе с ним рабо-
тал против руководства. Форель является организатором троцкистской груп-
пы в Ун-те.

Тов.ОГЛОБЛИН.- Форель работал в Китае очень смело. Один товарищ
получил письмо из Китая, что в Китае и Губарев и др.товарищи стали
троцкистами и что в Москве к ним(троцкистом) стал близок Форель. Это
письмо имеется на Ленинских Курсах.

Тов.ГОДУНОВ.- Форель выступал решительно против из`ятия троцкист-
ских листовок в Доме Отдыха.

Тов.БЕРЕЗИН.- Друзья Фореля по приезде в Китай стали или связни-
ками или троцкистами.

Тов.КОВЗАРЬ.- Форель на занятиях по ленинизму больше интересовался
взглядами троцкого чем Ленина.

Тов.ФОРЕЛЬ(заключит.слово)- Я не передавал троцкист.документ Урсо-
ву, т.к. я с Урсовым не был знаком. Заявления 133-х я не подписывал.
Никогда я не ставил себе целью свержения парторо. Я не мог протесто-
вать против из`ятия документов у троцкистов, т.к. я не был в Симах.
О письме, про которое говорил Оглоблин ничего сказать не могу, т.к. его
не читал. Я искренне заявлял, что я не троцкист, а большевик-ленинец.
Свои ошибки я признал (обвин.бюро в оппортунизме) и буду их исправлять.
Я буду всегда бороться против ошибок руководства с тем людям, которые
со всем всегда соглашаются и даром здесь кушают хлеб. Я лично хочу ра-
ботать в массах на низовой работе. У меня нет семьи, такой семьей для
меня является партия.

对学生佛列尔审讯答辩(俄文)

格鲁哈列夫同志：佛列尔同志的行为和举动是很可疑的。他为柏林的托洛茨基派辩护。佛列尔是个隐藏自己的政治面孔的人。

梅尔古洛夫同志：佛列尔说他没在133-X文件上签字，这是在撒谎。他是在欺骗党。佛列尔还为柏林的托洛茨基派辩护。在大学里佛列尔打着社会主义改造的口号妄图颠覆党的领导。他还在疗养所里散发托洛茨基派的文件。

瓦洛宁同志：佛列尔曾和维洛奇金内密切联系并一同反对党的领导。佛列尔还在大学里组建托洛茨基派小团体。

奥格罗布林同志：佛列尔在中国做过的工作是非常勇敢的。我们有位同志收到过来自中国的信，信上说古巴列夫与一些同志在中国成了托洛茨基分子，而在莫斯科佛列尔与古巴列夫（托洛茨基分子）走得很近。这封信就放在列宁培训班。

嘎杜诺夫同志：在疗养所佛列尔坚决反对铲除托洛茨基主义。

别列津同志：佛列尔那些去中国的朋友要么叛变了，要么变成了托洛茨基分子。

卡波扎尔同志：在列宁主义课上，佛列尔对托洛茨基的观点更感兴趣，而不是列宁的观点。

佛列尔（总结发言）：我没有给过乌鲁索夫托洛茨基派文件，我甚至都不认识乌鲁索夫。我没有签过133-X文件。我从来没有把反对党委员会作为自己的目标。我也不可能对铲除托洛茨基主义的文件做出抗议，因为我根本没去过奥尔什。关于奥格罗布林所说的那封信，我什么也没法说，因为我没看过那封信。我在这里诚心地声明，我不是托洛茨基分子，我是布尔什维克——列宁主义者。我承认自己犯下的错（指控党委员会有机会主义倾向），也会在将来改正自己的错误。我永远都会同领导者的错误做斗争，以及与那些只知道附和、只吃饭不干事的人做斗争。我个人是希望在劳苦大众中做工作的。我没有家，党就是我的家。

范　金　镳

копия. 5/9

...
к делу № ....уч. рогисто.

ПРОТОКОЛ ДОПРОСА

1930 г. февраля месяца 1I дня, я уполномоченный 5 отд.
КРО Сучлан ГПУ ПУГИН допрашивал в качестве обвиняемого гр.
и на первоначально предложенные вопросы он показал........

1. Фамилия ФОРЕЛЬ САН-ВИН-ХУЙ.

2. Имя, отчество

3. Возраст / год рождения / 31 год.

4. Происхождение / откуда родом, кто родители, национальность / Из крестьян провинции Чжа-Цзян, родители раньше имели 30 му земли 1905 году все отобрано Гоминдановским правительством.

5. Местожительство / постоянное и последнее/ Москва, Университет, Волхонка 16.

6. Род занятий / последнее место службы и должность Студент КУТК.

7. Семейное положение и близкие родственники, их имена, фамилии, адрес, род занятий до революции и в последнее время... жена и родители в Китае, точный адрес не известен.

8. Имущественное положение / до и после революции допрашиваемого и его родственников / Стец и нас 5 братьев имели земли 100 му. Сейчас ничего не имеем.

9. Образовательный ценз / первоначальное образование, средняя школа, высшая специальн., город и т.д./ Окончил среднюю школу и Юридический факультет в Китае в гр. Чжа-Цзян.

10. Партийность и политические убеждения........

Член Кит. Комсомола с 1925 года, кандидат в ВКП/б/ с 19?? года.

II. Где чем /а/ служил и чем занимался до войны 1914 г.
В Китае учился и занимался хлебопашеством.

б/ С 1914 г. до февральской революции 17 года - Тоже.

в/ Где был и/что делал и/ в февральскую революцию 17 г.
принимал а/ ли активное участие и в чем оно выявилось.
Т.с.е.

г/ С февральской революции 17 г. до Октябрьской Революции 17 г. - Тоже.

д/ Где был и/что делал и/ в Октябрьскую революцию 17 го.
Тоже.

е/ С Октябрьской революции 17 г. по настоящий день.
Тоже.

В 1925 году был в Кантоне и принимал участие в боях 2 р
за в составе Нар. Рев. Армии.

В 1927 году погиб и учился по командировке ...ского Коми
те партии.

Показания по существу дела:

Существующим положением в Университете и очень недовольн
это недовольство заключается в следующем:

1/ В Университете плохо преподаватели. "оспитание
Коммунистически...и университете на пролетарс... и буржуазно
чем и недоволен писал в свои заявлений китайской делег
в ЦК ВКП/б/ / заявление 1937/ и т.п.

2/ Ректор Университета КИМ использовывал казенные сред
за и остался не наказанным.

3/ В Университете существовал и существуют бюрократы.

В недавнее время был погром на эту тему со студентами
они обратились с моим мнением, /запели их служащие:1/ ДЕК

... ...

ПОВ.С/ ЗА ИВ. С/ ОБЛАКОВ /, ЛУКАШЕВИЧ, / ВЕРЕШЛИН, -/ ОГ-
...ВИН.

На в как?...организация и в составе и о существовании
таковой к их вине.

С существовании в КУТК Троцкистской организации и ничего
не слышал и считал, что никакого троцкизма не существует, т
это есть лошинизм и Троцкого я до сего времени считал не
оставил лошинизм. И поэтому к мнению лошинизм считаю не более
правильной. Политику Коминтерна в ...анском периоде считал
не правильной. Настоящее времени считал, что необходимо в
Китае создать советы, а Коминтерн на образовывал и тем самым
борьба китайскому движению.

С мнением Троцкого по вопросам Кит. Революции и в боль-
шевистской солидарен, но соменоваюсь с началом Троцкого на
характер Китайской Революции.

В КУТК существовала для организации под названием "Ле-
нинская оппозиция". В эту организацию входил и я. Кроме того
состояла в этой организации ЛУКАШЕВИЧ, МЕРВЯТКИН, МАСЛОВ, МУСИН
КЛУБОВ, ЧЕРЕПНИН и др. Организация составлялась из людей из
курсами, принималось к вниманию и количество, так например
студенты 1-го и II-го курсов были в одной ячейке, а студенты
II-го курса состояли в отдельной ячейке, так как их было
большое количество.

Организационную структуру организации я знаю очень
мало, так как был рядовым членом и в Главной тройке работал
один месяц с июльками.

В Главную тройку входила при мне ВЕРЕШНИН, я в третью
фамилию не знаю. Эта тройка была избрана третьим курсом. Со-
брания устраивались налегалого и комитет общежит, во время
прогулок и у.д. и т.п.

...

"Организация ставила задачу - это борьба с бюрократизмом и
плохим уклоном, так как партия в целом возла в болото и им ста-
вила задачу поворота влево.

Организация имела связь с русскими. Дамилию их мне вини
Связь с заведовал ВИГИН, кроме того был связь с "итали и н мо-
ичной море с Зап. Европ. Странами. Последнее всеми с русскими
троцкистами связь была порвана в виду некоторая ненагодной
организации. Настоящее средство организация составляла
членские взносы по 30 коп. в месяц. Ли кроме того / получалась
ли откуда деньги я не знаю.

Кроме того в "КУТК" существовала то-о нелегальная
группка во главе с Сробашным. В состав её мы знаю. Эта группа
являлась настоящей контр-революционной группой, они делала
попытки вступить в нашу организацию, но приняты не были. Они
ставила себе задачу - это свергнуть существующее партруководс
тво в КУТК и забрать его в свои руки. В эту организацию
входили студент АЛАТЫНИ, мне находятся на "синонами курсах",
ЗВАНОВ - мне находятся в Китае и ИГГИН - тоже в Ки е.

Наша так называемая "Ленинская оппозиция" заключала
блок и с ..ичис "слободанской группировкой" в борьбе с Пар. Ру
ководство ... но это мне по мнению боролись против н их.

Более показать ничего не могу. Протокол мне прочи
тан и записан с моих слов правильно.

                                                  ...РЕЛЬ

Допрашивал / МИШКУНЕН /.
Уполномоченный 5 отд. КРО. / ПУГИН/.

Серно: ...

对学生佛列尔（范金镳）的审讯记录（译文）

国家政治保安局
部门：反间谍部
事件：
登记机构：

审讯纪要（档案原文译文）

1930年2月2日我代表国家政治保安局反间谍部第五科室审讯被告人与证人，以下是他回答的原话。

1.姓　佛列尔　范文惠

2.名　父称

3.年龄/出生地　31岁

4.籍贯/出身成分，父母，民族　汉　农民出身，来自浙江省，父母以前拥有30亩地，1926年家产被国民党政府全部没收。

5.住址/常住地与目前居住地　莫斯科，中国共产主义大学，沃尔洪卡街16号。

6.职业/目前的供职地与职务　中国共产主义大学学生。

7.家庭情况/近亲，包括姓名，地址，革命前后的职业　妻子，父母，在中国，具体地点未知。

8.革命前后被告及其亲属的财产状况　父亲与5个兄弟，革命前一共有100亩地。现在为无产。

9.受教育程度/小学教育，中学，高等职业学校，时间等　在中国浙

江省念完了中学，并进入法律系学习。

10. 党性与政治信仰　1926年加入中国共产党，1928年成为苏联共产党（布尔什维克）候补党员。

11. 住在何处/职业为何

а.1914年战争前　在中国上学，务农。

б.1914年战争到1917年二月革命前　同上。

в.1917年二月革命时在哪儿？做什么？是否积极参加/有什么表现？　同上。

г.1917年二月革命后到1917年十月革命前　同上。

д.1917年十月革命时在哪儿？做什么？　同上。

е.1917年十月革命后至今　同上。

1926年在广东参加国民革命军，参与过3次战争。

1927年被派往武汉军中学习。

以下是佛列尔供述的事实：

目前大学里的情况让我非常不满，我不满的地方在以下几点：

1. 学校里的老师很不合格。共产主义大学里的教育不是无产阶级的而是资产阶级的，具体情况我已多次向苏共中国代表团写信说明过，例如133号声明等。

2. 大学校长侵吞公家物资而且未受到处罚。

3. 在大学里从以前起就一直存在官僚主义。

我不止一次跟同学聊过这些情况，他们也都同意我的观点。他们的名字如下：（1）列克特罗夫；（2）瓦日诺夫；（3）维利霍夫；（4）卢卡什维奇；（5）维尔什宁；（6）奥格罗布林。我不属于任何组织，也不知道存在哪种组织。共产主义劳动者大学里存在托洛茨基派组织，这种事我根本没听过，我认为托洛茨基主义并不存在。因为我认为托洛茨基坚持的就是列宁主义，他是一个真正的列宁主义者。而党目前的路线在我看来不是完全正确的。例如，共产国际在武汉时执行的政治政策就是不正确的。真正的列宁主义者会认为，必须要在武汉建立苏维埃。而武汉的共产国际却不同意那样做，甚至破坏了中国革命。

托洛茨基对中国革命的大部分看法我是认可的，但他对中国革命性质的定义我持怀疑态度。

在共产主义劳动者大学里存在一个叫"列宁主义者反对派"的组织，我加入过这个组织。组织成员还有卢卡什维奇、杰维亚特金、马斯洛夫、姆辛克鲁勃夫、维尔什宁等。组织根据年级、观点和人数分为不同支部，例如，一年级和二年级的学生一个支部，三年级的学生单独在一个支部，因为三年级的人数很多。关于组织的组织机构我知道得很少，因为我是普通成员，我进入最高三人委员会也只有一个月多点时间。三人委员会有我，维尔什宁，第三个人的名字我不记得了。这个三人委员会是由三年级学生选举出来的。我们利用闲暇时间在宿舍里秘密举行组织会议。组织的任务是对抗官僚主义与右倾主义，因为整个党已经往右发展了，我们要拨乱反正。我们的组织与俄罗斯人也有联系，他们名字我不知道。维廷负责联络，此外与中国及非常少的几个西欧国家也有联系。最近一次与俄罗斯人的联系因为地下组织的暴露而中止了。组织经费从每人每月30戈比的会费中得来。此外，从外界也能得到一些钱，但是来源我不清楚。

另外，在共产主义劳动者大学里还存在另一个地下组织，以奥格罗布林为首。具体成员我不知道，但那是一个真正的反革命团体，他们早前曾意图混入我们的组织，但未得逞。他们的组织任务是颠覆共产主义劳动者大学里现有的党委员会并彻底控制它。该组织成员阿拉京现在在列宁班学习，兹瓦诺夫现在在中国，米洛津也在中国。我们"列宁主义者反对派"组织与奥格罗布林的右倾团体合作过，我们共同对抗大学里的党委会，但这不影响我们反对奥格罗布林团体。以上就是审讯的全部内容。我已阅读过审讯纪要，并同意其记述。

——佛列尔

翻译/米茨科维奇

特派员 国家政治保安局 反间谍部 第五科室/普亭

签字确认：普亭

范 金 镳

委员会开除佛列尔党籍的决定（译文）

10号同志佛列尔，1899年出生于浙江省地主家庭，是接受过高等教育的知识分子。曾加入过中国国民党，后于1926年8月加入中国共产党。1927年被派遣来莫斯科。积极从事反党活动。是中国共产主义劳动大学内的托洛茨基派组织的主要领导人之一。在清洗运动中撒谎称其与托洛茨基分子没有任何联系。——将其从党内除名。

阿普别季尔同志：

根据中国共产党代表的意见，请无条件恢复奥格拉勃列宁和佛列尔同志的党籍。

叶普莫夫（该签名无法辨认）

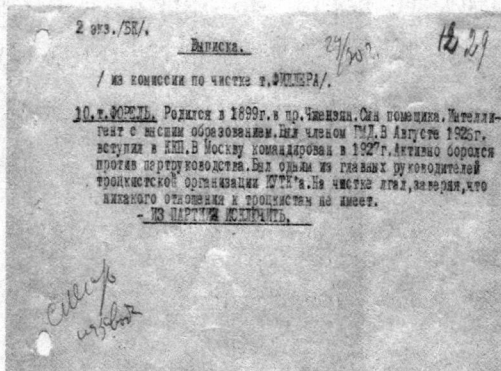

《委员会开除佛列尔党籍的决定》（俄文）

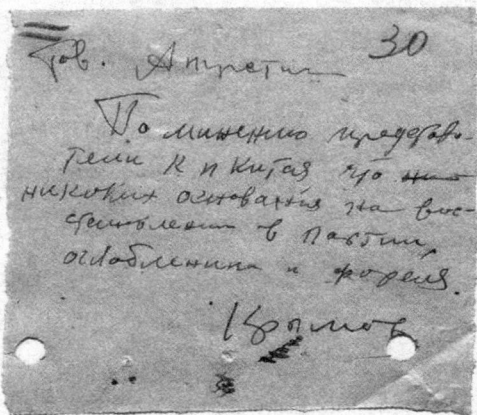

叶普莫夫提请恢复佛列尔（范鑫镳）党籍的信（俄文）
（来源：俄罗斯国家社会政治历史档案馆的范金镳个人档案）

范金镳致国际监察委员会的声明（译文）

（苏联共产党中央委员会党内监察委员会）

来自电气联合工厂工人佛列尔·亚历克斯·玛卡列维奇（前共产主义劳动者大学学生），工作地址为汽车与拖拉机电气设备制造厂331车间，6002号。

私人信件

1935年6月16日

声　明

本人于1926年加入中国共产党，1930年被苏联共产党除名，被打为反对派分子、反革命分子、资产阶级反对派托洛茨基分子。在之前的4年里我坚持着自己的托洛茨基主义观点，反对苏共主流路线和共产国际，激烈地反对着，固执己见地认为自己的观点才是正确的，当时我觉得自己是唯一一个运用列宁主义的托洛茨基派（尤其体现在我对1925—1927年间中国革命的看法上），而斯大林同志领导下的苏联共产党与共产国际则没有走列宁主义路线。

一直到1931年中国举行第一届全国联合大会，成立中央联合政府之后，以及苏联第一个五年计划完成之后，我头脑中的错误观念才得到了修正。

党是能够建设一个社会主义国家的。我不得不承认，苏联存在两个最主要的历史遗留问题，即工业落后和农业落后两个问题。而斯大林同志领导的党成功解决了这两个问题，不仅取得了惊人的成就（连帝国主义者也惊叹），而且这个成功是建立在走列宁主义政治路线上的。既然我承认了党

范 金 镰

中央走的是列宁主义路线，那么扪心自问，如果斯大林同志领导的党中央走的是列宁主义路线，显然我们这些反对中央路线的托洛茨基分子——才是反列宁主义的。而反列宁主义就意味着反革命。

因此，1932年我向国际监察委员会递交了自己的认错声明，1933年9月10日，我前往莫斯科向共产国际与中央委员会承认自己的错误，请求恢复我的党籍，他们是这么回答我的：共产国际开除我的党籍后，会派遣我去联合电气工厂做一名钳工，他们说我现在（1933年10月14日）还得继续在电气联合工厂装配车间劳动。从1933年10月至今（1935）这段时间我用辛勤工作证明了自己是一个积极的生产者、社会活动家。在建设社会主义过程中，我克服各种困难，不断提升自己的专业技能，同时积极学习列宁—斯大林主义。之后，在1934年我又向电气联合工厂递交了两次认错声明，承认错误以及请求恢复我的党籍与社会身份，并附有驻莫斯科中国中央俱乐部的工作证明，以及电气联合工厂装配车间党支部的评价书。这些文件目前都由工厂党委保管，但我仍然想诚实交代一下，我的最后一点反革命托洛茨基想法。我是1928年年底加入托洛茨基派的，到1934年12月1日我已是该流派的坚决反对者，这一天也是基洛夫同志被季诺维耶夫反对派团体的蛀虫们、犹大们、所谓的工人阶级代表们卑鄙地杀害的日子。此前在第15届党代表大会上，拉可夫斯基说道："如果帝国主义攻击我们的话，反对派分子是会支持我们党的。"这样的话我从来都没想过，拉可夫斯基敢讲，我也敢信（至少我可以说曾经的共产主义劳动者大学里的反革命托洛茨基派组织是这样的），但事实上，反对派支持党这种事至今仍是闻所未闻，见所未见。在1934年12月1日，长期从事反党反苏维埃活动的季诺维耶夫团体决定，派遣他们阴险狡诈、胆小如鼠的败类同伙们，从背后开黑枪，在角落里暗杀了我们敬爱的基洛夫同志。基洛夫同志是我们党与无产阶级最敬爱的领袖、赤诚的人民代言人、令人敬重的布尔什维克！以上是我在党和反革命托洛茨基派之间摇摆的最后一点反革命看法。而现在我更加清醒以及明白了，正如在第15届党代表大会上，斯大林同志对拉可夫斯基回答的那样："让我们勇敢点！他们这些反对派不过是一小拨分子而已，只占我们党的百分之零点五，如果帝国主义要攻击党，而他们仁慈地宣称要帮助党，但我们不会相信这样的帮助，也不需要这样的帮助。反对派同志们，我们只请求你们一件事：不要干扰我们，停止你们的扰乱行为！剩下的事我们自己会做好，你们可以相信这一点。"斯大林同志在第15届苏共党代表大会上的表现，再一次展现了他作为列宁导师的聪慧学生这一光辉形象。

而对我来说，我更重视中国的问题。（1930年党曾审问过我为何要反对党，当时我回答说我只反对苏联，我不反对中国革命。其实当时我欺骗了党，因为我希望党能把我派到中国去"工作"，好能再一次自由地"工作"，也就是说，从事反革命托洛茨基派的反党"工作"。）目前我认为在中国有两个最主要的历史遗留问题是——1926年4月中国共产党中的托洛茨基反对派强烈要求中止国共合作；1927年4月托洛茨基反对派提出了刻不容缓进行苏维埃教育的战略口号。托洛茨基派原则上否定了与资产阶级联合的可能性，而这种做法削弱了无产阶级的力量。该派的路线与马克思列宁主义路线可谓天差地别。

关于马克思在1846—1848年革命时期的战略思想，列宁是这样写的："1848年，马克思支持波兰'和平革命'党（该政党在1846年领导了波兰克拉科夫起义）。1848—1849年，马克思支持德国的极端主义民主革命派，并且马克思也一直坚持这种战略思想。"（《列宁文集》，第18册，第29页）关于1927年中国革命的问题，斯大林则是这样写道："托洛茨基路线的严重错误在于，托洛茨基及其追随者们（季诺维耶夫等人）并未理解帝国主义国家与殖民地国家之间的基本差异，帝国主义国家的革命以及打着反帝国主义旗号的国家的革命之间的差异。"与此同时，列宁提出过问题："我们的革命纲领中什么才是最主要最重要的？是被压迫者与压迫者之间的差异。在第二国际与资产阶级民主的对立中我们要强调这一差异，这对无产阶级及共产党人在帝国主义时期检定具体经济事实，解决一切殖

民问题、国家问题非常重要，它有助于我们从实际出发而非从抽象角度出发去解决问题。"（《列宁文集》，第17册，第27页）此外还有"共产国际应当促成临时合作，即使是与其他国家的资产阶级民主派殖民者们暂时合作，但是不能与他们融合在一起，我们要无条件地保证无产阶级运动的独立自主性，即使是在最初的萌芽时期也要坚持这一点"（第19册，第270页）。最后，列宁写道："我们共产党人应当支持殖民地国家的资产阶级解放运动，如果这些运动确实是革命性质的，且运动代表者们不会阻挠我们教育、组织农民阶级和广泛的劳动大众。"（《列宁文集》，第17册，第274-276页）列宁的观点与托洛茨基的观点从根本上就是不同的。"托洛茨基的观点是对列宁观点的极为严重的歪曲，它错误地模糊了帝国主义国家与殖民地国家之间的差异，模糊了社会主义民主倾向这一重要特点。"（摘自斯大林：《党要与反对派抗争·中国革命问题》，第208-209页）以上是问题一。问题二是，1927年4月托洛茨基反对派在中国提出的刻不容缓进行苏维埃教育的战略口号更加极端。这一口号乍一听像是布尔什维克性质的，但是实际上却是反对派言论。他们会说："有什么必要要和资产阶级勾搭在一起呢？我们需要维持'纯洁的有鲜明阶级性的''无产阶级的'革命路线，我们从一开始就要尽快在中国建立一个苏维埃，如同在俄国那样，而不是同国民党或者其他党派合作。"在当时这样的话是受到好评的，这意味着什么呢？这并不令人感到惊讶，这是托洛茨基的旧论调（口号）。以前如此，现在也依旧如此。比如说"不断革命论""漠视农民""没有皇帝，政府更有效率""没有和平，也没有战争""中国革命的特点在于它不是资产阶级民主革命，而是社会主义革命""扫清中国的封建余孽"，等等。按照托洛茨基的蛊惑性观点，难道世界上就没有帝国主义国家，没有殖民地国家，没有半殖民地国家，只要直接进行纯粹的社会主义革命，就能扫清障碍，而资产阶级民主革命和农民革命的地位就完全不存在了吗？托洛茨基从未考虑过中国革命的特殊性，也没有读过列宁关于殖民地国家的民族革命特殊性的论述。托洛茨基的想法是异常极端的，其危害不亚于无政府主义者，无政府主义者总是会说："政府有什么存在的必要呢？我们应该打倒'一切政府'，直接实现共产主义就可以了！"托洛茨基认为，博格达齐耶夫同志在1917年4月就提出了苏维埃口号，而列宁是在1917年9月才提出的，难道这能说明"博格达齐耶夫是正确的，列宁就是错误的吗?!"

关于苏维埃我必须要说的是，中国的苏维埃是前途无量的，共产国际早在相关文件中多次提到过这点，之后1927年春天反对派提出了"党的主要口号就是苏维埃""我们要和国民党对抗"（国民党在当时是革命性质的政党，否则当时季诺维耶夫也不会说出"大力支援国民党"的论调了），但这是一种盲目冒进的行为，正如1917年4月博格达齐耶夫的做法一样。列宁—斯大林以及党已经对这种行为给予了严厉的批评。

更可恶的是，托洛茨基及其追随者们（陈独秀等）对中国革命的态度。1927年，中国革命暂时失利，托洛茨基就鼓吹起了"中国革命灭亡论"。然而随后中国就掀起了新一轮革命，甚至建立了中国的苏维埃共和国，并且多年来不断地扩大着自己的面积。中国苏维埃共和国领土面积为1348140平方公里，固有领土面积为681255平方公里，并且在不断增加。1933年，中国红军击退了国民党第五次"围剿"，摧毁了国民党110个师，在1934年召开了第二届中国苏维埃大会，如今苏维埃共和国的影响范围更加扩大，革命力量更加巩固了，覆盖了四川、广州、江西等多地。而中国的反革命托洛茨基分子们——陈独秀等人气急败坏，破口大骂中国红军是"土匪强盗"。这一系列事实恰恰说明了托洛茨基理论是反革命的，无论是在苏联，还是在中国，抑或是在世界其他地方。经验告诉我，带有托洛茨基错误观点的人入党后，也会容易旧病复发再度成为托洛茨基派，并且再一次与党相背离，这也再一次强化了党对曾经的反对派的不信任。这种行为意味着其在思想观念上没有解除武装，是对党的一种欺骗，他们这种行为是不可取的，他们当中也少有人能真正解除思想上的武装，但是重新武装思想又做不到，且抱着让党内只存在积极的党员，不再有那种谁都不得

范 金 镳

罪的人存在的观念去武装，也是无用的，因此这些"卸下思想武装的人们"其命运是众所周知的。轻轻叩响党的门扉，如今的我不仅完全地放下了托洛茨基派的反革命理论，对党、对自己诚实坚定地表示，我会一如既往地用马克思列宁主义斯大林思想来武装自己。我会尽我所能地积极工作，向党奉献我的能力。我会用我的忠实工作来重新获取党的信任，并证明自己是一个有意愿有能力的社会主义斗争与建设的积极参与者。希望党和共产国际能将我派往中国，投身中国的革命运动，无论党的敌人是谁，我都会奋不顾身地捍卫我党的政治安全。因此，现在我再一次请求国际监察委员会能够接纳我重返列宁—斯大林主义的旗下。

佛列尔　1935年1月30日

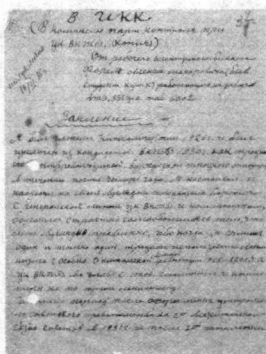

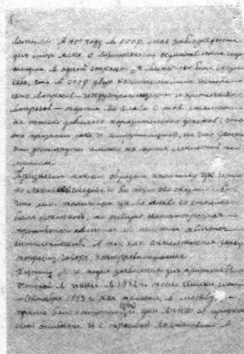

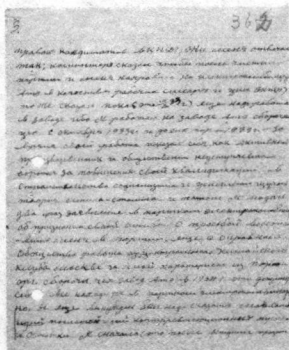

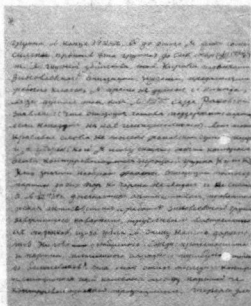

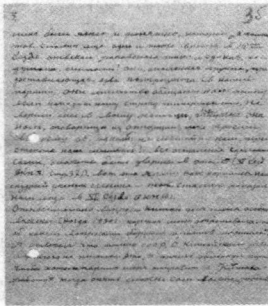

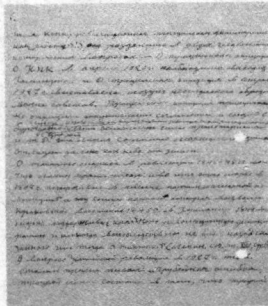

佛列尔（范金镳）致国际监察委员的声明（俄文）（来源：俄罗斯国家社会政治历史档案馆的范金镳个人档案）

佛列尔(范金镳)致国际监察委员的声明(俄文)(来源:俄罗斯国家社会政治历史档案馆的范金镳个人档案)

范　金　镰

俄罗斯联邦安全总局档案局证明材料（译稿三份）

译稿1

俄联邦驻华大使馆

北京

文件号：第1317号

日期：2009年4月24日

尊敬的范赤子先生：

在此转寄给您，俄罗斯联邦安全总局档案局对于您咨询申请的回复。同时在此附上伊万诺沃州安全局有关您父亲范文惠的档案证明。

附件：以上3页。

致礼。

参赞：　Г. ЗИНОВЬЕВ（签字）

译稿2

俄联邦安全总局　寄：范赤子

档案局　中国，北京，100013，东城区，和平里，3区，4-7-202

25.02.09

莫斯科

回复您的2009年1月26日的咨询申请，告知您：俄罗斯联邦安全总局档案局确实保管 Форель А. М.（Фан-Вын-Хуай）范文惠的刑事档案。

自档案材料中可知：

Форель Алексей Макарович（Фан-Вын-Хуай）范文惠，1899年

生，出生于浙江省，农民出身，在中国法律系毕业。1926年为中国共产党党员。1928年为苏联联共党预备党员。被捕时为中国共产主义劳动人民大学学生（КУТК），住在莫斯科；1937年2月7日归罪于参加反苏、反革命组织而被捕。

根据1930年9月13日Коллегии ОГПУ的决定，并依据俄罗斯联邦刑事法典第58章第10条"反革命宣传或传播"判刑，到 Концлагерь 集中营服役5年。

第二次由伊万诺沃州安全局逮捕，并在1937年5月依据苏联内务部特别会议决议判刑，到劳改营服役5年。

依据1989年1月16日苏联最高苏维埃主席团命令关于"对于30—40年代及50年代时对无辜受迫害人员恢复其名誉的扶助措施的决议"（1930年以后的）第1章，由苏联检察院在1989年6月28日做出的结论：恢复范文惠名誉。

与此同时告知您：根据俄联邦执行服役总局国密共和国有统计记录：范文惠，1899年生，出生于中国。1937年6月11日自无私边集中营—Успечлага（国密共和国）到达伏尔库达；1947年7月9日释放。无其他纪录。

另外，您的申请复印件也寄到俄罗斯联邦安全总局伊万诺沃州安全局，那里有范文惠在1937年被捕时的刑事档案，也请他们给您提供查询情况。

档案局副局长：А. В. Тюрин（签字）

范 金 镳

译稿3

俄联邦安全总局　　　2009年3月31日

档案证明（译文）

根据在伊万诺沃州安全局保管的刑事档案资料证明：**Форель** 也就是 **Фан-Вын-Чуй**（这样写在档案中）范文惠，1899年生，出生于浙江省，宁波市。

在被捕人范文惠表格中了解到：他在1930年由于参加反革命活动而被捕，并依据ст. 58 п. 10 УК判刑，到 **Концлагерь**集中营服役5年。不过，就是在集中营服役条件下，仍然没有停止反革命、托洛茨基活动。1933年，范文惠回到莫斯科，他被安排在莫斯科电厂，当了钳工。在中国共产主义劳动人民大学粉碎反革命地下组织后，自莫斯科被流放到伊万诺沃市，他是其中托洛茨基组织的积极分子；范文惠其女儿 **Октябрина**（红儿），12岁，在Stasova伊万诺沃国际儿童院生活、学习，探望期间与那些人联络。

逮捕范文惠的依据是伊万诺沃州内务部于1936年12月31日签署的逮捕令（л.д.183—人文档183）。被捕时间——1937年1月1日，罪名被称为"托洛茨基积极分子，"КУТК"反革命组织领导人，是三人"最高委员会"成员，他是委员会书记（这样写在个人档案л.д.182中）。范文惠1937年5月19日根据苏联内务部特别会议决议按俄罗斯联邦刑事法典第58章第10条及第58章第11条判刑，到国密共和国服役5年。

根据此次判刑，他应该在1941年12月31日被释放。但是在范文惠的刑事文档中看不出，他被释放。依据另一个证书л.д.285（人文档285），范文惠1946年，当了伏尔库达集中营中央食堂炊事员。1947年由苏联安全部特别会议决定他作为社会危险分子再次被判刑5年、流放。为了继续服役判决，将他遣送到哈扎克共和国的库斯纳那伊州（这样写在个人档案л.д.282中）。

依据1963年3月5日伊万诺沃州法院主席团决定：1937年5月19日的苏联内务部特别会议决议对1899年出生的范文惠及其他人的案件，由于不存在犯罪内容，而被取消。

证明依据：存放在伊万诺沃州安全局保管的刑事档案馆中Форель（Фан-Вын-Чуй）Алексей Макарович范文惠及其他人的案件资料。

副局长：П.Г. Климешо　（签字）

范　金　镳

范金镳生活信件、证明材料

文件编号：3

1927年3月—1928年

学生证编号：896

国家银行莫斯科办事处

大学生佛列尔请求将21卢布转账至中国。

　　大学秘书　　（博古利亚耶夫）

　　负责人　　　（泽里科维奇）

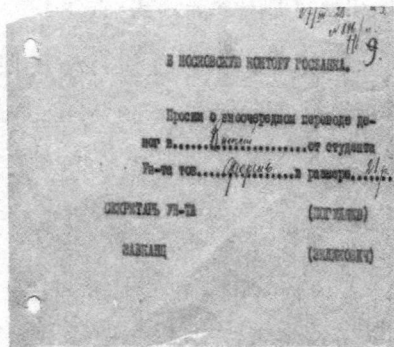

3号证明文件（俄文）上半部分（来源：俄罗斯国家社会政治历史档案馆的范金镳个人档案）

　　地址：汽车与拖拉机电气设备制造厂，电气联合工厂。

　　党委秘书　库拉科夫

　　п/о 136 二号厅，十号房

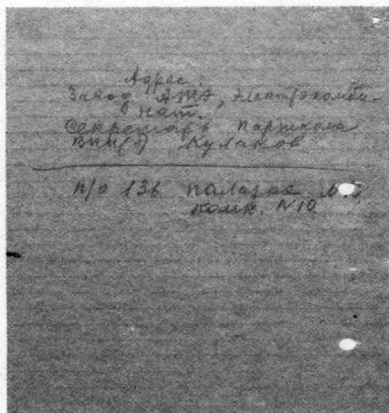

3号证明文件（俄文）下半部分（来源：俄罗斯国家社会政治历史档案馆的范金镳个人档案）

全国无产阶级联盟

全苏共产党（布尔什维克）

斯大林区组织电工党委会莫斯科

电工，电话：E 2-41-87， 15-40 补12

编号：1C 机密 1935年5月9号

共产国际执行委员会秘书——安卡列季斯同志

古比雪夫电工园需要护送一批于1935年3月23日寄赠给您的资料，资料为II14/I544及II13/I543，我们已阅。

电工园党委秘书：安卡列季斯/古拉科夫份/2份

I － 事件编号

I － 收件人

医生阿列克谢·阿列克谢维奇·斯特鲁波夫

眼科诊所

阿尔巴特街大阿法纳西耶夫斯基巷，13/36幢4室

电话 1-92-88

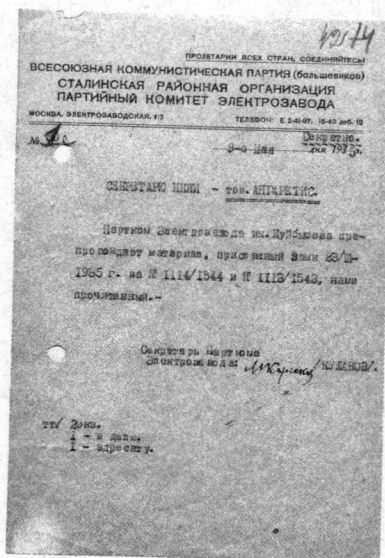

寄送有关范金镳材料的信函（俄文）（来源：俄罗斯国家社会政治历史档案馆的范金镳个人档案）

证 明

兹证明中国共产主义劳动大学学生佛列尔患有严重的沙眼疾病，并在大学的顾问眼科医生这里接受治疗，目前已接受治疗两个月，频率

范 金 镳

为每周三次。

眼科顾问

签名：阿·斯特鲁波夫

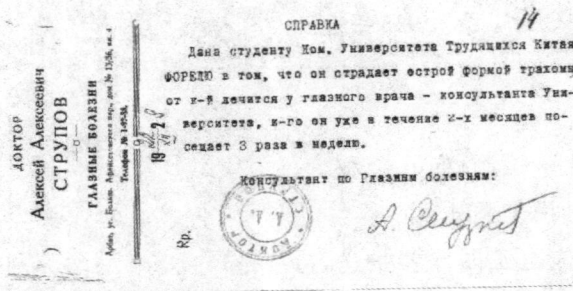

佛列尔患有眼疾的证明信(俄文)(来源：俄罗斯国家社会
政治历史档案馆的范金镳个人档案)

求 助 信

卡捷尔尼科夫同志！我现在非常的不安，1926年，我家的财产被没收充公了，家人们也被投进了监狱。1928年到1931年，妻子一直被囚禁在狱中，被释放后也一直处于贫困失业的窘境。我和妻子7年没有联系了，所以现在才知道这一情况。我自己目前在苏联安宁地生活着，但是我的家人们却在挨饿受冻，我却不能亲自去帮助他们，我的良心感到非常痛苦，寝食难安。所以很惭愧，我只能十分恳切地请求您，尽管已经多次向您寻求过帮助了，我想请您救助我的家人，带他们来我这儿或者接济他们一些钱，请您不要拒绝我。因为除了您没有别人可以帮我了！盼望您的回信。此致

敬礼

佛列尔　1934年3月30日

佛列尔（范金镳）写的求助信（俄文）（来源：俄罗斯国家社会政治历史档案馆的范金镳个人档案）

附录:方惠文革命史略

1897—1926年

方惠文,又名方韵仙,1897年10月18日出生于书香门第——宁海城关小北门河头方家。父亲方可臣为前清贡生,祖上十三代没有间断过秀才贡生衔。两个异母哥哥,大哥方云翱经商,二哥方云翔杭州中学毕业后去参加辛亥革命。方惠文从小受过良好的家庭教育,酷爱书画,诵读礼记诗经,实属名门闺秀,是方孔氏家的独生女、大家庭的掌上明珠。

走上革命道路

1920年,方惠文与范金镳结为夫妇。就读于省立六中二年级的范金镳受苏联十月革命的影响,响应五四号召,积极组织省立六中学生开展反帝反封建的革命运动。范金镳认为:"妇女只有通过读书学习,才能解放思想,融入社会。实施男女平等、宣传民主自由就得身体力行从我做起。"所以,紧紧抓住封建礼教"三从四德"①中的"既嫁从夫"这个"把柄"不放,在说服惠文的同时,竭力说服双方父母突破礼教家规旧俗②,将23岁的大龄青

---

① 三从指"未嫁从父、既嫁从夫、夫死从子",四德指"妇德、妇言、妇容、妇功"。
② 那时女子一般都在16~18岁结婚。

年方韵仙改名方惠文。1921年秋,方惠文去台州临海女子师范预科班读书。在临海的一年中,夫妇俩国家大事共同关心,积极参与社会活动,生活上互相体贴关心。小时仅读过一些古诗文的方惠文没有数的概念,个十百千万加减乘除什么也不会,更不懂数理化。在范金镳的悉心辅导下,通过一年的努力,能比较熟练地运用四则运算,补习了算术这一门课程。1922年夏,方惠文因提前完成学业,又身怀六甲,不能升正科班学习,提前毕业回宁海。

1922年夏,范金镳省立六中毕业后,考入浙江法政专门学校。与他同时入学法政学校的还有西乡上金敦本小学娄子士校长的长子娄声甫,大家都为学杂费、每月的讲义费而担忧。为了减轻家庭经济负担,经娄声甫的推荐,娄子士校长接纳方惠文为上金小学

上金敦本小学旧址

教员,聘范金镳为节假日兼职教员,并介绍给一富裕家庭当私塾教师,以勤工俭学的收入支付学杂费。1922年下半年,范金镳的母亲病逝,方惠文操劳了一段时间的家务,年底第一个儿子出世。方惠文执意赚钱帮扶丈夫完成学业,刚满月就带儿子去上课,后儿子得病,手头无钱,没有及时医治,于1923年夏天折。范金镳的同学娄声甫身体也不好,范金镳经常陪同他去杭州各医院看病、熬煎中草药,悉心照料,无微不至。后药物不济病危,范金镳向学校请长假专程护送娄声甫回家,守候在旁直至娄声甫病故。娄校长一家非常感激,娄校长把范金镳与方惠文当作自己的子女一样看待。受五

四新思想的影响,方惠文把妇女求解放的新理念介绍给娄校长,深受启发的娄校长对女生入学上金敦本小学网开一面(只要交付三斗米的学费就可上学,比男生少得多),并让自己最小的女儿娄舜音也上他的小学念书,鼓励优待其他女子,禁锢在封建家庭中的女子们获得了新生。山区邻村女孩纷纷走出家门,来敦本小学读书。在方惠文的积极配合支持下,很快由三个女生发展到十几人,课堂教学中渗透着民主革命的思想。一时,敦本小学办得红红火火。在敦本小学,方惠文以60元年薪任教了三年,有力地支持范金镳完成学业。几年来,也受范金镳革命思想的启迪,积极参与现实社会各项变革活动,阅读了东方文库中的不少进步书籍,不断领会马列主义革命原理,逐渐建立起革命思想,走上了职业革命的道路。

配合范金镳开展革命活动

1926年春节前后,浙江省党部委派范金镳回宁海做党组织的发展工作及宣传民众开展反帝反封建的革命活动。暑期中,范金镳与旅沪杭同学回乡,以创办"消夏社"暑期补习班为名组建起共产党组织,蒋如琮、范金镳为支部负责人。

1926年夏,在"消夏社"的基础上,又增设了初中一个班,招来81名学生,办起了宁海中学。宁海中学党支部确定范金镳主要负责党务工作与学校的生活管理,蒋如琮主要负责教学业务。为了配合范金镳办好中学,方惠文放弃了年薪60元的敦本小学教师工作,当起了宁海中学的一名义务教务员。由于学校的领导权掌握在共产党的手里,所以一些措施与教学内容都带有浓郁的政治色彩,言行举止离不开反帝反封建。学校响亮提出面向弱势群体招生,向贫困家庭子弟开放,招收女生实行男女同校。方惠文首先配合学校动员范金镳的胞妹范希纯、上金敦本小学自己的学生娄舜音、溪南罗家的应振明等女青年进入宁海中学读书。她们有的来自富裕家庭,有的来自一般劳动人民家庭,也有来自受压迫较深家庭的童养媳。几千年的中国封建制度根深蒂固,宁海中学共产党人冲破封建顽固势力的层层阻挠,实行男女同校,开创了宁海历史的先河,打响了反封建的第一枪。封建社会男女不平等、重男轻女、男尊女卑,三从四德已成陋俗旧规。宣传男女平等、改变妇女的社会地位、把妇女从封建小家庭的束缚中解救出来是那时党的中心工作。紧接着在师生中施行"剪掉长头发、留学生发、放缠足,提倡婚姻自主"①。方惠文在放缠足上为师生做出表率。宁海中学女子空前的反封建的革命行动,影响社会,震惊台州地区,推动城乡民众延续着五四青年的革命爱国运动。

加入中国共产党 出任宁海县党部妇女部长

1926年10月,方惠文经包定、杨太才(化名潘阿四)介绍光荣地加入了中国共产党。方惠文的娘家也成为党在县城内的革命联络站。凡属党内机密文稿、宣传资料等均由她家那台油印机印刷,其母义不容辞地担当起义务通讯员的工作。

1927年1月,北伐国民革命军第十九军先遣队占领宁海县城。1927年2月17日,北伐革命军挺进浙江,杭州光复。大好的革命形势向全省铺开。范金镳随北伐军部队来浙江,时值国共合作的非常时期,国民党省党部指派他回宁海担任国民党县党部的负责人、共产党内上级党组织(上海、杭州支部局)委任他为宁海支部书记(县党支部书记),还派遣台州六县特派员汪维恒(共产党员)协助他改组宁海县国民党县党部。在"热烈欢迎北伐革命军进驻宁海"的队伍中,方惠文是唯一的一位女同

①在封建社会里,小女孩用长长的布条、带子缠扎双足,长期缠扎整形后如同小粽子,广大妇女都得经受这一苦痛的岁月,有大脚女人被社会瞧不起,女人的脚越小越好看,有"三寸金莲"之说。这是封建社会对广大妇女的人身摧残。

范　金　镳

志。在中国共产党的领导下,联合国民党左派,整顿县党部、推举民主人士章广田为代理县知事,方惠文出任宁海国民党县党部妇女部长。改组县级机关,把被国民党右派土豪劣绅掌控的一切权力夺回来,牢牢地掌握在共产党人手中,建立起宁海县民主新政府。同时,推荐进步知识分子俞岳为宁海中学校长,撤换县内所有不称职的小学校长,全县教育形势一片大好。

1926—1931年

组建上金党支部

西乡上金曾是方惠文教书的地方,有着良好的群众基础。根据组织意图,方惠文往返于上金与宁海城关之间数十趟,发展了娄昌明、王顶官(原名王乘补,兆岸人)、娄清仁、娄启虎、娄启表等为中国共产党党员。党组织决定将方惠文与范希纯的组织关系迁到上金,选举娄昌明为书记,组建起中共上金支部。经全体党员与农民运动积极分子共同努力,又组织起农民协会。率先在上金烧毁不合理的契约,进行减租减息,斗争土匪恶棍。并把上金这一成功经验向桑洲、王爱、黄坛、前童推广。紧接着桑洲、王爱党组织的发展工作也顺利地开展起来。一时,上金成为西乡革命运动的中心。

1927年,蒋介石发动"四一二"反革命政变,国共合作宣告破裂。随着"清党"运动的全面开始。杭州党务养成所被解散,正在杭州党务养成所学习的方惠文返回宁海。4月26日,宁海县党部机关、宁海中学遭反动势力的搜查,李平与蒋益谦两位同志被捕、宁海中学师生20多人被抓受审讯,宁海处在白色恐怖之中。遭通缉的范金镳与方惠文,先去西乡岔路上金、后到南乡亭旁一带,与包定等同志建立起农民自卫队,后遭当地土豪劣绅反动势力的反扑。面对围剿与追捕,方惠文与范金镳商定,暂时离开宁海,经宁波去上海。

1927年5月6日,方惠文从薛岙码头乘船去宁波,船上刚巧遇见4月底被宁海警察局拘留、今又被押解去宁波监狱关押的李平与蒋益谦。三人突然相遇又惊又喜,装作互不认识,彼此只能以眼神告慰对方各自保重。乘警察没有防备,李平将一封密信递给方惠文。船至舟山码头停靠时,警察

略有疏忽,李平竟纵身跳入大海,凭着良好的水性游向彼岸。李平、蒋益谦逃脱,警察怀疑与方惠文有关。严重失职的警察为了向上司有个交代,竟抓住方惠文不放,要她讲出李平与蒋益谦的下落。方惠文镇定自若,装作与两位不相识,一问三不知,越问得离谱,答得更离谱。警察找不到一点破绽与证据,无奈只得将方惠文放走。后方惠文得到船老大的帮助,从老大舱开门逃出,跨上另一只小舢板,由水手护送至宁波江东。然后去上海与范金镳约定的地点会合。"四一二"反革命政变后党组织遭到严重破坏,党的活动转向隐蔽,他们才得知临时党中央已搬到武汉办公。他俩决定,范金镳只身去武汉,方惠文返回宁海。于是,方惠文入住岔路上金,与范希纯、娄舜音她们生活在一起,与同志们往返于西南两乡与宁海城关之间,继续开展革命工作。不久,接到范金镳的来信,信中范金镳用隐晦的语言给他们讲述了当前国内日趋好转的革命形势。告诉他们困难是暂时的,要他们转告其他同志"坚定信心克服困难,振作起精神去投入新的战斗"。经范金镳的提议、在方惠文的动员下,果然李平、蒋益谦俩同去武汉,融入革命的大家庭中。

担任城区党支书　参与亭旁暴动

1927年9月,国民党省党部下令通缉邬逸民,邬逸民被迫隐蔽出走后,临时县党支部做了调整,由杨毅卿接任县党支部书记。此时,同志们推选方惠文为中共城区支部书记。方惠文不负众望,密切联系群众,勇敢地挑起支部工作这副重担,把城区支部的工作安排得井井有条,革命活动搞得有声有色,几个月中发展了10余名党员,还配合中共宁海县党支部做了大量的工作。

1928年春,在临时县党支部的正确领导下,四乡党组织的发展工作与农村的减租减息工作有条不紊地开展起来。组织农民自卫队打击地痞流氓恶势力、破除迷信、禁赌禁毒的运动也开展得有板有眼。方惠文联络县内有关同志,得知南乡包定等同志的革命活动开展得异常活跃,心里非常高兴。时逢俞岳先生的老家三门悬渚东山小学欠缺教师,方惠文认为应聘去东山小学任教,既能赚钱谋生又能和同志们一起干革命,一举两得,觉得自己也有与他们一起工作的必要。所以,接受了俞岳先生的推荐。在伴送娄舜音去上海泉漳中学读书,又把女儿寄养在方家外婆家后,肩担行李,走马上任。

到了悬渚,即刻与包定、梅其彬、叶信庄、任畴等南乡同志接上了头。服从组织安排,以女教师的社会身份做掩护,白天教书,晚上与同志们一起走家串户宣传民众。尤其是做妇女工作,劝导妇女团结起来,反对封建礼教,破除迷信解放思想,要妇女们不要受小家庭的束缚,走向社会。告诫女同胞,"命运不是天注定,我们要自立自信自强,男人能办到的我们女人也能做到",要妇女同志"全力支持男同志的革命运动,在家庭里千万不能拖男人的后腿"等。他以自己的真实思想与真挚的感情打动与感召她们,配合南乡党组织积极开展革命活动,介绍妇女农运积极分子加入中国共产党。经同志们的共同努力,短时间内在南溪、梅家、芹溪、任家、邵家、下叶等地建立起10多个党组织。共产党员梅其彬带头缴出田契,建立起农民协会,率先在亭旁实行改租减息。又在亭旁、珠岙二区发展党团员900余人,农协会会员2000余人,并建起地方武装——农民自卫队。清明节前,当地土豪因霸占族田遭农协会100余会员的围攻,双方枪战两天两夜,成为亭旁暴动的导火线。5月22日夜至23日夜11时,包定、刘立三、叶信庄等农民武装180余人先后两次捕杀劣绅任友端、任禹玉

亭旁起义纪念馆

175

和恶讼任升初,拉开亭旁暴动的序幕。5月24日,在中共台州特委的支持下,由宁海县党支部正式宣布亭旁区革命委员会和红军指挥部成立,推举包定同志为革命委员会主席兼红军总指挥,并决定提前于5月26日实行暴动,由当地组建起来的红军数百人与革命群众上千人迅速占领了亭旁镇。在包定的主持下召开群众大会,当众宣布解散当地的所有地方行政机构,成立亭旁区苏维埃政府。会后举行了盛大的游行示威,并向地主征粮派捐。当地土豪恶霸闻风逃窜,并向省驻防军告急求援。5月28日,大批敌军从海游、临海多方包围亭旁镇,枪战了整整一天。由于红军武装多为土枪土炮,加上敌我力量悬殊,寡不敌众,党组织决定突围,撤退到南溪一带,山区继续战斗,在没有后援的艰苦环境下仍坚持了一个多月,后红军武装被迫解散、革命活动转入地下。

被捕 受审 坐牢

亭旁起义的失败,方惠文的身份被暴露,感到在三门蹲下去风险太大,再不能以教书做掩护继续做党的工作了。因此,与俞岳先生商定,去宁波转上海避此风险。

在乘船经石浦去宁波的路上,由于叛徒俞明条的出卖,方惠文、俞岳和俞明春三人在石浦医院遭逮捕。在审讯中,他们竭力抗争,当局没有从方惠文和俞岳的口中得到与共产党有联系的证据。据当年6月21日《宁波民国日报》"石浦破获共产党机关"一文报道:"……讵该共产党机关,设于石浦病院内楼上,当即捕获逃往俄国共产党首领范金镳(前二十六军政治部主任)之妻方惠文、俞岳、俞良春等三名……在方惠文皮鞋底搜出与俄国莫斯科往来信札十余纸、枕头内裤子内搜出紧要信札及共产书籍一大束……"竟把范金镳从苏联写来的家信作为与共产党有联系的唯一"罪证",还得知方惠文曾担任过宁海县党部的妇女部长,将方惠文和俞岳押解到镇海的国民党军队司令部接受审讯。

镇海的国民党军队司令部隶属李士珍管辖,而李士珍是宁海雪坡人,他与范金镳是小学时候的同学,二人以前互有交往。国共合作时,方惠文没有暴露共产党员的身份,也曾与范金镳一起到李士珍处玩过。可李士珍熟知范金镳是一个对共产党忠心耿耿,有着惊人的胆魄、超强的组织活动能力的刚正不阿的铁汉。李士珍曾多次动员范金镳放弃革命,愿意将自己的"官"让给范金镳当,自己甘愿当范金镳的副手,要范金镳与他一起掌权效忠国民党。而范金镳也曾竭力规劝李士珍不要为蒋介石卖力,要他弃暗投明加入中国共产党。两人政治观点对立,做不了对方的思想工作,志不同则道不合,所以分道扬镳。对于提审范金镳的妻子方惠文和俞岳一案,从与范金镳的个人关系利弊得失去考量,李士珍认为由他来审理该案不妥。再者,这是民事案件,不是军事案件,所以最终把案件移交给宁波鼓楼灯芯街特种临时刑事法庭办理。法庭多次提审方惠文与俞岳,要他们交出党组织与党员名单,交代近期共产党的组织活动情况。在法庭上严刑拷打,逼、供、信各种刑罚都用过,甚至多次上电刑,把方惠文麻得死去活来。可方惠文只承认与留学苏联的丈夫范金镳有家信来往,信上谈的都是极普通的家务事,始终不承认自己是共产党员,坚贞不屈。敌人从她的口中始终不能得到一个共产党的名字与一份有价值的材料。出于无奈,宁波特种临时刑事法庭以方惠文与在苏联的丈夫共产党头目范金镳仍有联系罪,判处方惠文有期徒刑三年、判处俞岳有期徒刑六年,羁押在浙江第二监狱(宁波北门大监)服役。

1931年5月,方惠文刑期已满。当时没有一定社会地位的熟人与财物担保是不能释放的,方惠文一时找不到担保人,竟被多关押了3个月。直至1931年7月,在组织的帮助下找到一个在宁波山北开篾作店的宁海人范宝火。在同乡堂房叔公范宝火的担保后,方惠文才被释放出狱。

1931—1983年

万里迢迢去苏联

方惠文被释放后,迫于生活,在亲友的推荐下,领着年少的女儿远离城关,肩担行李,翻山越岭,过两个渡(毛屿渡、沥头渡),去交通极不方便的东乡塘里小学任教。

1933年,娄舜音夫妇帮助她在上海找到了一份工作——家庭教师,后在一所小学任教。1933年下半年,方惠文转接到范金镰从莫斯科寄给宁海范家的两封家信与寄给他父亲的十元钱。"自1930年后的5年(被捕入狱,集中营与世隔绝)竟杳无音信,大家都为范金镰是否活着而担忧。"今突然接到范金镰的来信,得知范金镰身体健康并在莫斯科一家国营电厂工作,过着自由的生活,顿时激动不已。信的字里行间流露出对家里老少怀念和身居异国他乡的困惑,方惠文理解范金镰,根据当初夫妻俩的山盟海誓,"只要人还活着,不管在天涯海角,只要人类能生存的地方,都要同艰苦共患难生活在一起,更何况莫斯科是国际共产主义运动的中心,是被压迫人民向往的地方"。于是,决心带着女儿前往莫斯科。为此,她通过国际社会驻沪办事机构,搞清办理出国手续的几个环节及行走路线。然后,为路费特地去南京等地向学生叶沛英等筹募,学生娄舜音夫妇也积极帮助她筹措。经一年多的努力,1934年底才拼凑起母女俩去苏联的车旅费,增添御寒衣服,整装待发。

1935年2月,在共产国际红色救济会的帮助下,方惠文带着11岁的女儿方蓉馨(范素昭),以政治侨民的身份踏上去苏联的旅途。娄舜音夫妇送她俩从上海码头乘货轮。方惠文母女经半个多月的海上航行到达海参崴,又十几天的陆地汽车火车兼程,历尽千辛万苦,行程上万里,到达莫斯科。

方惠文母女俩到了苏联,共产国际组织知道她是范金镳的夫人、早期投身革命1926年入党的中共老党员、因参与浙江台州的亭旁暴动被捕,坐过三年多牢的坚强的共产主义战士,为此共产国际中国部在莫斯科为方惠文开了个专题欢迎会。会上,方惠文向同志们汇报了自己参与革命的简单经历。方惠文以一个中共产党员对马列真理的追求,带着年少的女儿万里迢迢寻找丈夫的这一举动,这种坚韧不拔的革命精神和高尚的革命情操,得到了共产国际代

方惠文1935年(摄于黑海)

表与共产国际中国部同志的高度赞赏,夸她是一位了不起的中华女性。母女俩深受鼓舞,国际红色救济会先后安排她们在条件比较好的国际政治侨民院生活,范金镳沾了夫人的光,也搬到国际政治侨民院居住,从此一家三口生活在一起。在团聚中得知范金镳进监狱的经过,从劳动大学转到中山大学,由于与俞秀松等江浙同志的关系密切被怀疑在搞"江浙同乡会";由于对马列主义理论的理解不同,对中国革命与苏联革命实施的

范素昭　范赤子　方惠文(1938年)

路线看法不一,展开了针锋相对的大辩论,与米夫、王明一伙观点不一被视为"中国的布尔什维克——列宁派";导致被开除学籍、党籍,并作为政治重犯投入沙皇监狱(SALA-VKY)。面对屈辱和冤枉,检点自己、夫妇俩认为捍卫真理要讲究斗争策略。方惠文夫妇感

在异国他乡生活的不容易,作为中国共产党党员要挺得住,经得起煎熬,相互劝慰,"我们的事业在中国,保重身体,总有一天我们能回自己的祖国效力去"。

不久,方惠文从红军3583医院转到HK3医院工作,以自己的劳动来维持一家人的生活。女儿范素昭进入伊万诺沃国际儿童院读书。随着与苏联人的频繁接触,经过长时间的磨炼,后来方惠文也能勉强用简单的俄语比画着与苏联人交流。方惠文也由于范赤子出生前过度劳累、出生后营养供应不足,气候环境的恶劣,原本从监狱里出来尚未恢复的身体加倍地坏下去,四肢麻木,关节疼痛,腰酸得站不起来。没过几天就病倒在床上,幸运的是,当时能得到丈夫范金镳的体贴与照料、国际红十字组织的关心,经住院治疗与较长时间的休养,日趋康复。当身体稍有好转时,又去上班赚钱养家了。

范金镳再度入狱 再次解救无效 为生存而奔波着

伊万诺沃国际儿童院是一所共产国际办的儿童院,接纳入学的都是共产国际代表与各国共产党领导人的子女,每逢重大节假日夫妻双双去看望他们的子女已成惯例。1937年元旦这一天,方惠文因身体不太好没有去,范金镳则约同苏联朋友,保加利亚、罗马尼亚、日本、南斯拉夫、阿尔巴尼亚等共产党同志、国际友人乘火车去伊万诺沃国际儿童院。处在苏联大肃反的非常时期,往往可以发现便衣特务的踪影,这趟从莫斯科到伊万诺沃国际儿童院三个小时的旅途中,车厢里有几个不像乘客的人在来回走动,一行人下车后他们又跟随着下去。异常的感觉,大家明白这是有人在盯梢。于是会见后就匆匆返回,直至天黑,方惠文等许多家属还不见他们的亲人回来。后在一位苏联朋友那里知道,范金镳等同去儿童院的一队人,多数被便衣带走了。事后大家到处打听这一队人的下落,竟杳无音信。怎么办？方惠文带着范素昭、范赤子再度去依-雅乐尔维斯基家，请求帮助，依-雅乐尔维斯基夫妇热情地接待了他们。夫妇俩以同样的方法向斯大林要人，此次却遭到了斯大林的拒绝。听说，依-雅乐斯尔维斯基不卖斯大林的账，竟与斯大林大吵了一场后不欢而散①。但从依-雅乐尔维斯基那里得知，范金镳等一大批人很可能作为政治重犯，关押在了靠近北极圈的沃尔库塔市东北郊的秘密监狱——集中营中。半年后，伊万诺夫国际儿童院传来消息："凡是罪犯的子女不能待在国际儿童院中，要送内务部处理。"共产国际的同志认为，方文惠是坐过牢的中国共产党党员，是一位坚强的共产主义战士，把革命同志的女儿逐出国际儿童院是没有道理的，帮助方惠文与国际儿童院奋力抗争。儿童院的同志认为有一定道理同意将范素昭留下。但苏联内务部则认为，方惠文虽然是革命的，但她毕竟是范金镳的夫人，是反革命的家属，不但不允许范素昭留在国际儿童院，也不能让方惠文回莫斯科这座政治城市。随后，就将方惠文母子三人迁徙到离莫斯科101公里的一个小镇上。

当时正值第二次世界大战爆发，苏联境内几个大中城市成了法西斯攻击的目标。苏联政府做出安全大转移的决定。把军工企业与重要的民用企业转移到大后方。方惠文领着女儿范素昭和儿子范赤子

方惠文（后左一）与她的苏联朋友

又被搬迁到靠近乌克兰的库尔斯克城，她与女儿进一家军工缝纫厂做工。缝纫厂要生产大批量的军需支前产品，抢时间压任务，日夜加班加点，劳动

---

① 依-雅乐尔维斯基后遭斯大林排斥，在大肃反中被处死。

强度特别大。由于劳累过度,加上气候环境恶劣,食品供应跟不上,方惠文旧病未好又加上几处新伤。但为了养儿育女支撑这个家,她独当一面,仍顽强地坚持着。处于战争年代,苏联国内各个加盟共和国、中苏边境(内蒙古、新疆、黑龙江)人员的迁徙流动相当频繁,几年中一家三口南北大跨度地迁徙,居住的地方自库尔斯克到乌兹别克斯坦的安奇涅亚接连换了好几个。转眼间,离范金镳被抓走,已过去七八年,范赤子也进安奇涅亚的一所小学读书了。

社会上真真假假的传闻不断。一天,从我国东北进入苏联的侨民那里获悉:"沃尔库塔市内居住着她的好几家亲戚。这几位亲戚是日本人侵占中国,东三省沦陷后,涌入苏联境内避难的难民。苏联政府为了减轻负担,将这批人遣送到环境最恶劣的地方,让他们自食自力,其中我们的亲戚被驱赶到这里做工。沃尔库塔市内有无数个集中营,关押着国内外几十万犯人,其中有不少政治犯是中国南方人。"后经多方了解才得到证实,又联想起老布尔什维克依-雅乐尔维斯基的提示,方惠文锁定范金镳就在那个地方。于是果断决定筹措盘缠、收拾行李、带儿女奔赴7000多公里外的沃尔库塔市寻找丈夫范金镳。

找到范金镳　又一生活的新历程

沃尔库塔市距莫斯科3000多公里,在北极圈内,原是个荒无人烟的地方,长年被积雪覆盖,整年无霜期只有一个月。苏联政府将大牢选在这里,关押着国际国内政治军事各类"罪犯"几十万人。加上保安部队、管理人员、后勤人员及家属,各种配套设施的形成,就成了一个世界著名的公安城。大牢由内务部控制,出入沃尔库塔市要接受严格的检查。而市内各个集中营的戒备就更加森严,高高的围墙上安装着铁丝网,城堡上架着机枪,道道岗哨,十人一列,间隔几十米,昼夜不停地巡逻着。不管是谁,未经内务部许可不得进入。重犯减刑后只能从集中营转到市内定居,未经内务部许可永远出不了沃尔库塔市,死也要死在沃尔库塔市内。明知山有虎,偏向虎山行,方惠文母子三人经几个昼夜的火车抵达沃尔库塔市,范素昭用熟练的俄语向卫兵讲明看望东北亲戚的来意。卫兵马上对三人进行严格的搜身检查,报上亲戚的姓名、家庭住址、办理了登记手续后,安检人员又把方惠文母子三人带到公安局长那里,进行了仔细询问①。核对东北亲戚的姓名住处签字画押后,警方去电话叫那位从来没有碰过面的东北老乡来认领。出于中华民族同胞情,那位素不相识的东北老乡认了他们三人。通过中国话的交流,浓浓的乡亲与乡情、彼此之间一下子就亲切起来。当晚,就在这位东北老乡家附近的客栈住了下来。

进城的目的很明确,就是要找到范金镳。说来也很凑巧,没过几天,竟发现有几个人从集中营中转入市内居住,其中一人是黑头发黄皮肤的中国人,范素昭用俄语与中国话向他打听 Forel. A. M(范金镳的化名)的下落,谁知他正是范金镳的一位难友——姓杨的四川人。因为他与四川的潘树人、万志凌三人的"罪行"比范金镳的轻,关押多年了才把他们转入市内的。他讲述了范金镳的现状,也讲述了亲密战友季达才(曾任浙江省总工会主席)等许多共产党人惨死在集中营的情景。方惠文又通过姓杨的四川人将信息传递给范金镳。那边,范金镳收买了内务部的个别官员及所在集中营中的几个看守,并设计了一个方案,约定会见日期、地点、确定行走路线。一天,方惠文佩戴黑纱,装扮成东北人亲戚的样子,先用汉语讲了几句话,看守听不懂,又用僵硬的俄语比画着说明要去看望亲属坟墓,看守才明白了她们的来意。等候在一旁的范金镳装作不认识,向看守自荐愿为她们三人当翻译做向导。经看守点头许可,范金镳领着她们去墓地,终于换来了一家人的第二次碰面,激动的心情无法言表。到墓地只见一大片乱七八

---

① 那时范赤子年纪小不很懂事,说了句不该说的话,幸亏范素昭解围,差点酿成大祸。

糟的小土堆被白雪覆盖着,多数没有标志,有的曝尸荒野,一片狼藉,惨景目不忍睹。无法查找东北人的坟墓,也找不到战友季达才的遗骸。一家人向屈死的人们凭吊默哀,然后才缓缓地离去。由于买通了看守,日后一家人相互之间的联系就多了几次。

不久,方惠文母子三人在沃尔库塔市租间房子住了下来。方惠文与范素昭各自在国营奶牛场中找到了一份工作,范赤子也进入一所小学继续读书。一年半后,内务部宣布范金镳服刑到期,由集中营转入沃尔库塔市内居住。由于戴着政治犯的帽子,是阶级敌人,范金镳必须定期向内务部写材料汇报思想,接受审查。但一家四口人总算能生活在一起,在这片冻土地上过着相对平静温馨的生活。紧接着,世界人民取得了反法西斯战争的伟大胜利,苏联人民取得卫国战争的胜利,全世界人民为之欢欣鼓舞。大庆之际,范素昭在国营奶牛场中当上了一个部门的会计,结识了中国东北人于甦。于甦——哈尔滨工业大学学生,时任东北反日青年大同盟组织部部长,1933年被中共党组织派往莫斯科东方大学学习。曾作为正式代表出席少共国际第六次代表大会,并列席了共产国际第七次代表大会。大肃反中,斯大林随意抓人,他们也被抓到这里,由于没有罪,政府部门安排他在沃尔库塔市的一个奶牛场当管理员,日后当上了部门负责人。两位年轻的中国人一见钟情,后举行了简朴的婚礼,结为夫妻。范金镳夫妇为女儿范素昭与中共党员于甦结为夫妇而兴奋不已。

跟随范金镳度过五年的流放生活

转眼间又过去了两年,随着国际社会与苏联国内形势发生巨大的变化,苏联内务部对肃反遗留的许多政策进行调整。斯大林政府效仿当年沙皇流放列宁到西伯利亚的办法,处理肃反时遗留下来的问题。1947年,苏联政府以组织地质勘探队寻找地下矿藏为借口,内务部做出将范金镳等一大批人迁徙流放到哈萨克斯坦境内的决定。方惠文与范赤子二话没说,也跟随着范金镳从苏联的北部到达了苏联的南端哈萨克斯坦的阿斯塔纳市。阿斯塔纳一带原来也是个荒无人烟的地方,方圆一百公里找不到一个人。斯大林将车臣、高加索、乌克兰等地的居民移民到这里,成了人口不足5万的一个省级市。阿斯塔纳市属大陆性气候,风雪特别大,冬季积雪高过房顶,房门都是向里开的。但这里的地下矿藏丰富、土地广袤肥沃,无霜期种植作物则收获丰厚。内务部以开发矿藏为借口,将范金镳等一大批人组成所谓的"地质勘探队"进驻开发这里,其实质是"让这些人流放到这里自生自灭,葬身于异国他乡"。方惠文心里明白,近年世界形势已发生根本性变化,黑暗即将过去,光明就在前头。虽然范金镳仍每隔一星期要向内务部汇报一次个人的所作所为,但毕竟是南北相距6000多公里,是天高皇帝远的地方。这里居住着各地的移民,范金镳结识了许多苏联各族朋友,其中一位经常赶着大车送煤的朋友竟是原车臣的总检察长。在这块土地上还能农作,完全可以自食其力。但由于夏日高温达45℃,寒冬气温在零下30℃～40℃,太大的温差导致范金镳肢体瘫痪,精神失常,被权威机构鉴定为一级残废。内务部把他当作残疾人处理,降低了对他的监管力度。自此,夫妇俩相依为命,更多时间消磨在病床上与住院中。

1952年,苏联政府宣布:"取消范金镳的一切罪状,恢复其公民的所有权利。"方惠文百感交集,想当年有多少民族精英屈死在异国他乡,如今苏联政府又宣布他无罪释放,这不是把人的生命当儿戏吗?这分明给那么多共产党人开了个啼笑皆非的高级政治玩笑吗?历史与时间是不会说假话的。夫妇俩哑巴吃黄连心里明白,并早有预言他们的事业在中国。所以,从宣布对范金镳无罪释放那天起,他们一家一面不时地向苏联政府、我国政府与驻苏机构、共产国际组织等提出申请,强烈要求返回祖国;一面考虑到范金镳已被折磨得奄奄一息,方惠文自己身体也不太好,夫妇俩回国亲手参加社会主义建设有困难,只能寄希望于儿子范赤子,外甥冰光、和平他们下一代身上,所以把教育好子女后代作为生活的第一要务。教育子女、

外孙,他们的事业在中国,除了激发他们发奋学习科学知识外,还抢时间指导学习汉语,学习中国的历史文化。范赤子上完了初高中后,在范素昭夫妇的资助下,乘火车去4000多公里外的莫斯科报考大学。因为"二战"时发现了原子弹的巨大威力,夫妇俩建议赤子去报考原子物理一类的学科,学成回国效力,富国强军。由于身体的原因,赤子没有被原子物理与物理工程学院录取,后就读于仪表管理自动化大学。夫妇俩还语重心长地对他们说:"中国共产党已打下天下,我们一代人的愿望已经实现。社会主义建设还有更长更远的路要走,学好本领做好一切准备回国效力去。"

回祖国母亲怀抱 解救战友同胞 发余热完满人生

根据范金镳方惠文夫妇的强烈要求,国际红色救济会与中国驻苏使馆跟苏联有关方面交涉,同意方惠文的回国请求。1955年2月15日,一家八口回到了北京。范金镳方惠文夫妇受到了党和政府的热烈欢迎,老同志们都来看望他们。中共中央组织部马上安排她夫妇俩去北戴河中央直属机关疗养院长期疗养。夫妇万分感激,倍感党的伟大,祖国大家庭的温暖。

已回到祖国母亲怀抱获得了新生的夫妇俩,考虑的第一件事是:昔日患难与共的战友仍生活在水深火热之中。所以解救战友同胞成了他俩的当务之急。在北戴河疗养院住院期间,范金镳因半身不遂行动不便,但能含糊不清地说出许多战友的名字,由方惠文执笔接连不断地向中共中央组织部打报告,给帅孟奇等同志写信。讲明四川的潘树人、万志凌,浙江的林登义,东北的马英,湖北的鲁也参,湖南的李一凡等仍被关押滞留在沃尔库塔的集中营和西伯利亚监狱之中。强烈要求中组部及时地去解救他们,召他们回国。接信后,中组部副部长帅孟奇同志即刻指示有关部门,以组织的名义召回了上述近百位同志时,还召回了信上没有写明的更多同志(回国后不久,他们分别担任了林业部、轻工业部、商业部领导,成了中科院院士等)。夫妇俩心情舒坦多了。

方惠文还要求驻苏使馆与有关机构,把范赤子的学籍关系编入中国留苏的学生队伍,让赤子学成回国后马上投身到如火如荼的社会主义建设中去。方惠文的要求得到了组织上的同意。

夫妇俩在苏联度日如年,而生活在祖国的怀抱中转眼间过去了一年多。方惠文见范金镰恢复得比较好,自己的身体康复得也不错。年已六旬的她觉得还能为社会主义建设事业发一份余热,又考虑到新中国成立初期国家不很富裕,因此萌发了不愿在北戴河中央直属机关疗养院过如此舒适的生活、要将这一待遇住所留给比自己更需要的同志的念头。深思熟虑后,她不止一次向组织提出申请,要求组织上给她安排适当的工作,回北京过一般平民生活。组织上考虑到她夫妇俩蒙受了那么大的冤屈,身体仍很虚弱,再三劝导予以挽留。无论组织上怎样劝导与挽留,方惠文夫妇执意要走。1956年夏,组织上才同意她夫妇俩回到北京定居的请求。方惠文由中共中央组织部委托林业部,按老干部条件代管,住女婿于甦家。1957年,经马英、鲁也参、范功宝等同志证明,中共中央组织部"决定恢复方惠文同志的党籍,党龄从1926年入党时算起"。方惠文同志身体力行积极投入社会主义建设事业中去,并担任街道办事处主任,为东城朝阳区和平里小区居民任劳任怨地服务着。曾多次出席市、区治安积极分子大会,受各级政府群众团体的多种奖励。晚年病重时,仍牵挂着小区的双文明建设与祖国的社会主义建设事业,惦念着宁海家乡的父老乡亲,关心着无产阶级革命事业,直至生命的最后一

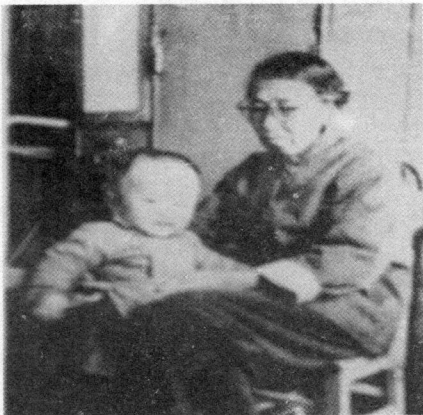

方惠文与长孙范继红(1963年摄于北京)

刻,实现了她为共产主义事业奋斗终生的诺言。

方惠文1983年9月20日在北京逝世,享年85岁。葬八宝山革命烈士公墓,林业部为她立碑,林业部及娄朗怀等许多在京的老同志送了花圈。

方惠文同志是中国共产党的优秀党员、坚强的无产阶级革命战士,是大革命时期宁海妇女的杰出代表。她为无产阶级革命事业奋斗了一辈子,为民族解放事业立下了不朽的功勋,人民将永远怀念她。

(胡家康　执笔)

1957年,方惠文回宁海扫墓时方家人合影

编　后　语

　　2000年春节,童爱芬、张立平、范明华、顾长恒等离退休老党员来范家村察看范金镳故居,讲述了范金镳大革命时期在宁海创建中共党组织、创办宁海中学、领导宁海人民进行革命斗争的历史,强烈要求范家村党支部与范金镳的亲属后裔"协助抢救"这一时期的革命史。我当即表示愿意积极配合。

　　为了抢救历史,我采访了93岁的范德生、98岁的方婆与94岁的童遵秀(范金镳的学生)等老人。在范金镳故居找到八宝山公墓范金镳安葬处等照片及范金镳留下的《中国农民》等二十余本书,又从范金镳的外甥林毅那里拿来有关照片,于2000年7月1日布置了一个"范金镳故居陈列室"。2001年上半年,从县档案馆拿到1960年前后由县委党史研究小组整理的大革命时期党史资料,特邀时任县党史研究小组组长陈去生为顾问,编纂制作成多幅宣传展示画,于2001年7月1日,在范家村举办了"宁海大革命时期党史展览"。还将《范金镳生平追溯》《方惠文革命史略》两篇文章在《宁海党史》上发表。2006年7月,专程去北京采访范金镳的儿子范赤子。为了庆祝宁海中学建校80周年,得到省政协原主席王家扬先生的关心,在谢时强等老师的协助下,我们编写了《范金镳方惠文传略》一书。2009年4月,通过范赤子联系上俄联邦驻华大使馆,拿到俄罗斯联邦安全总局档案局的材料,揭秘了范金镳在苏联两次被捕入狱、一次流放那段鲜为人知的历史。在2016年宁海中学90周年校庆时,我们以《范金镳方惠文传略》为基础,充实内容,撰写新书,由县志主编袁哲飞取书名为《红色情怀》,印制

范　金　镳

了内部资料,免费发放。2017年1月上旬,接到中共浙江省委党史研究室的政审意见,对范金镳有没有担任过中共宁海县委书记提出异议。2019年,在县党史办胡志汉副主任的协调下,我们得到中共党史出版社的支持,印制了《红色情怀》样本。又在中共宁波市委党史研究室的帮助下,获得范金镳留学苏联时填写的学生党团员登记表,经比对,与《红色情怀》中的称谓基本一致,证实1926年6月至1927年4月范金镳担任的是宁海中校主任,1927年2月至4月范金镳担任的是宁海县党支部书记。

2021年3月,特邀省委党史研究室包晓峰处长、市委党史研究室刘士岭处长与宁波大学赵江滨教授等专家来宁海,参加3月11日由中共宁海县委党史办主任娄筱庆主持的《范金镳传略》评审会。会上各位专家从如何编写志书讲起,从大的编排框架怎样调整入手,对标点符号的使用和遣词造句等,进行全方位指导。对我这位不大会写文章的中学物理教师来说,是一个强有力的促进。根据专家们提供的宝贵书面意见,我们改书名为《范金镳》,书稿有《范金镳革命史略》《回忆与研究》《范金镳遗著及证明材料》《附录:方惠文革命史略》四部分内容。本着尊重历史的原则,以时为经,以事为纬,进行统编。书稿完成后,由宁海县委党史研究室送中共浙江省委党史和文献研究室审核。2021年7月10日,省委党史和文献研究室批复了审读意见,认为本书"政治观点正确,体例设置规范,史料丰富……符合出版要求。"随后,我们将书稿交出版社审定、出版发行,向中国共产党建党100周年献礼。

回顾编纂全过程,历时20年。前期由范家村党支部领衔负责编纂,后期由县党史研究室、县志办协助,省市委党史研究室把关。编纂过程中得到浙江省政协原主席王家扬老先生的关心;得到各级领导、离退休老干部、宁海中学党委和范家村党支部诸同志的关心与支持。在此,谨向所有关心《范金镳》一书编纂出版的同志们表示衷心感谢。

胡家康

2021年7月20日

图书在版编目（ＣＩＰ）数据

范金镛 / 中共宁海县委党史研究室编． -- 北京：
九州出版社，2021.9
　ISBN 978-7-5225-0534-3

　Ⅰ．①范… Ⅱ．①中… Ⅲ．①范金镛（1899-1956）
－传记 Ⅳ．①K825.46

中国版本图书馆CIP数据核字(2021)第191426号

范金镛

作　　者　中共宁海县委党史研究室　编
责任编辑　姬登杰
出版发行　九州出版社
地　　址　北京市西城区阜外大街甲35号(100037)
发行电话　(010)68992190/3/5/6
网　　址　www.jiuzhoupress.com
印　　刷　杭州万星印务有限公司
开　　本　710毫米×1000毫米　　16开
印　　张　12.75
字　　数　171千字
版　　次　2021年9月第1版
印　　次　2021年9月第1次印刷
书　　号　978-7-5225-0534-3
定　　价　78.00元